# "大思政"视域下
# 高校思想政治教育育人体系研究

吴 頔 著

东北大学出版社

·沈 阳·

**图书在版编目(CIP)数据**

"大思政"视域下高校思想政治教育育人体系研究／
吴頔著. -- 沈阳:东北大学出版社,2024. 12.

ISBN 978-7-5517-3727-2

Ⅰ. G641

中国国家版本馆 CIP 数据核字第 2025HH3779 号

---

出 版 者:东北大学出版社
　　　　　地址:沈阳市和平区文化路三号巷 11 号
　　　　　邮编:110819
　　　　　电话:024-83683655(总编室)
　　　　　　　　024-83687331(营销部)
　　　　　网址:http://press. neu. edu. cn
印 刷 者:辽宁虎驰科技传媒有限公司
发 行 者:东北大学出版社
幅面尺寸:185 mm×260 mm
印　　张:6.75
字　　数:116 千字
出版时间:2024 年 12 月第 1 版
印刷时间:2025 年 1 月第 1 次印刷
责任编辑:王　旭
责任校对:周　朦
封面设计:张田田　潘正一
责任出版:初　茗

---

ISBN 978-7-5517-3727-2　　　　　　　　定　价:45.00 元

# 前　言

在当今社会快速变迁的背景下，高校作为培养国家未来栋梁与社会精英的重要阵地，其思想政治教育工作显得尤为重要。传统的思想政治教育模式已难以满足新时代对人才培养的全面需求，因此，"大思政"理念的提出，为高校思想政治教育提供了新的视角与路径。本书旨在深入探讨这一新兴理念下高校思想政治教育育人体系的构建，以期为新时代高校思政工作提供指导与参考。

本书从"大思政"视域下的高校思想政治教育概述入手，阐述了"大思政"视域下高校思想政治教育课程体系构建，对"大思政"视域下高校思想政治教育的实践育人体系展开论述，并对"大思政"视域下高校思想政治教育的网络育人体系进行了深入探讨。希望通过本书的介绍，能够为读者提供"大思政"视域下高校思想政治教育育人体系研究方面的帮助。

本书主要汇集了著者在工作、实践中取得的一些研究成果。在写作本书过程中，著者参阅了与本书主题相关的文献资料，在此谨向其作者深表感谢。

由于著者水平有限，本书中难免存在疏漏和缺点，诚请广大读者批评指正，并衷心希望同行不吝赐教。

著　者

2024 年 7 月

# 目　录

# 第一章 "大思政"视域下的高校思想政治教育概述

## 第一节 "大思政"理念概述

### 一、"大思政"的概念

"大思政"是一个综合性的教育理念，旨在通过构建全员、全过程、全方位育人格局，将各类课程与思想政治教育理论课同向同行，形成协同效应，把立德树人作为教育的根本任务。"大思政"强调在高校中广泛开展思想政治教育，并将其融入各项教育活动中，以培养德智体美劳全面发展的社会主义建设者和接班人。

"大思政"概念的提出，源于新时代背景下对思想政治教育提出的更高要求。随着社会的快速发展和全球化的深入，大学生的思想观念和价值取向日益多元化，这对传统的思想政治教育模式提出了挑战。为了更好地适应时代需求，落实立德树人的根本任务，教育界开始探索新的思想政治教育理念和方式。"大思政"正是在这样的背景下应运而生，它旨在通过整合各方资源，调动一切主体，将思想政治教育覆盖到所有场域，实现全员育人、全过程育人、全方位育人。

"大思政"的实质含义体现在以下几个方面。一是全面性。"大思政"不仅关注思政课程的直接教学，还将其融入各项教育活动中，旨在通过全方位、多层次的思政教育，培养德智体美劳全面发展的社会主义建设者和接班人。二是系统性。"大思政"强调思政教育的系统性和整体性，通过构建全员、全过程、全方位育人格局，打破单一课程或单一教育环节的局限，形成协同效应。三是立德树人。"大思政"的核心在于立德树人，通过深化课程教学改革，实现理论与实践的有机结合，同时利用数字化手段丰富教育资源，提高思政课的针对性和吸引力。四是理论与实践结合。"大思政"注重理论学习与实践教学的结合，把课堂教学与社会教育、校园教育与社会教育、理论教育与实践教育结合起来，提升思想政治教育的实效性和针对性。

## 二、"大思政"理念的核心内容

### （一）综合育人视角的提出与阐释

"大思政"理念中综合育人视角的提出，旨在强调全方位、全过程教育中思政工作的重要性。这一理念立足于高校人才培养的根本任务，着眼于学生全面发展的内在要求，体现了思想政治教育与各项育人工作相互融合、相互促进的内在逻辑。

综合育人视角为思想政治教育拓展了更为广阔的时空维度。一方面，它打破了传统思政课堂的局限，将科学理论教育与专业知识教育有机结合，把社会主义核心价值观融入教书育人全过程，实现了知识学习与价值塑造的同频共振。另一方面，它突破了校园边界，将课堂内外、网上网下贯通起来，构建起全员全过程全方位育人的大格局。学生在潜移默化中接受思想洗礼、汲取精神养分，内化于心、外化于行，形成正确的世界观、人生观和价值观。

综合育人视角还彰显了以学生为中心的教育理念。教育的根本目的在于促进人的全面发展，这就要求思政工作必须遵循教育规律，尊重学生主体地位，激发内在需求，挖掘生命潜能。在综合育人过程中，教师应转变角色定位，从"教书匠"向"'四有'好老师"转变，从单纯的知识传授者向学生成长的引路人、精神的塑造者转变。生动活泼、喜闻乐见的教育形式，如实践活动、志愿服务、主题讨论等，能够激发学生兴趣，提高参与度，实现知行合一、学做合一。

综合育人理念对传统的思政教育范式提出了挑战。它要求教师具备更高的政治素养、更丰富的知识储备、更精湛的教学艺术。同时，也对学校的组织管理、资源配置、制度建设提出了更高要求，需要各部门通力合作、多元主体协同配合，形成推进综合育人的强大合力。

### （二）贯通理论与实践的重要性

深化理论与实践的贯通对于培养学生的创新意识和实践能力具有关键意义。

在"大思政"育人视域下,高校思想政治教育的根本目标不仅在于帮助学生掌握系统的理论知识,更在于引导其将所学知识内化为自觉行动,增强其运用知识分析和解决实际问题的能力。因此,在思想政治教育教学中,教师应积极探索理论与实践相结合的教学模式,搭建学以致用的平台,激发学生学习和实践的内生动力。

教师可以通过组织与理论知识相关的社会实践活动,引导学生走出课堂、走进社会,在实践中加深对理论的理解和把握。例如,在学习社会主义核心价值观时,教师可以组织学生走访社区、开展志愿服务,在服务他人、奉献社会的过程中,切身感悟爱国、敬业、诚信、友善的价值内涵。又如,在学习中国特色社会主义理论时,教师可以带领学生参观革命遗址、爱国主义教育基地,透过历史的烟云,感悟中国共产党的初心使命和奋斗历程,坚定"四个自信"。这些生动鲜活的社会实践,不仅能够帮助学生将抽象的理论知识具象化、情境化,更能引导其在实践体验中升华认识、强化使命担当。

高校思想政治教育还应注重发挥实践育人的独特优势,引导学生在创新创业、志愿服务、社会调研等实践活动中锤炼意志品质、历练实践本领。一方面,教师要充分利用"第二课堂"资源,积极开发特色鲜明、导向正确的实践育人项目,为学生搭建成长成才的广阔舞台。另一方面,教师要注重将实践育人与课堂教学紧密结合,鼓励学生将实践中的所感所悟带回课堂,与理论知识相印证、相融通,在反思和交流中实现认识的飞跃。

在信息技术飞速发展的时代背景下,高校思想政治教育还应积极顺应"互联网+"的发展趋势,创新实践育人形式和载体。一方面,教师可以依托网络平台搭建虚拟仿真实验系统,借助VR,AR等技术营造沉浸式、交互式的实践体验,引导学生在模拟情境中感悟理论的现实意义。另一方面,教师可以充分利用新媒体平台的传播优势,开设思政公众号、思政教育微博,引导学生积极创作和传播体现社会主义核心价值观的优秀作品,在潜移默化中坚定理想信念。

## (三) 全员、全过程、全方位育人

"全员、全过程、全方位育人"要求将校园文化建设与高校思想政治教育有机融合,实现二者的无缝对接。校园文化是学生成长成才的精神家园,对其价值观念、道德品质和行为方式具有潜移默化的影响。因此,高校必须高度重视校园文化建设，将社会主义核心价值观融入校园文化之中，营造积极向上、健康文明的育人环境。

具体而言，高校可以从以下几个方面入手，推进校园文化与思想政治教育的融合。

第一，在校园环境布置中体现思想政治教育元素。校园建筑、景观、标识等都要充分展现大学精神和社会主义核心价值观，让学生在潜移默化中受到熏陶和感染。

第二，在校园文化活动中融入思想政治教育内容。各类文化艺术节、体育竞赛、社团活动等，都要围绕立德树人根本任务，引导学生坚定理想信念、厚植爱国主义情怀、增强社会责任感。

第三，发挥校园网络平台的思想政治教育功能。利用官方网站、微博、微信公众号等新媒体平台，及时发布权威信息，传播正能量，引导网络舆论，营造清朗的网络空间。

第四，加强校园文化阵地建设。图书馆、博物馆、校史馆等场所要成为弘扬主旋律、传播正能量的前沿阵地，用丰富多彩的形式吸引学生参与，提升思想政治教育的亲和力与针对性。

同时，实现"全员、全过程、全方位育人"还要求构建"十大"育人体系，即课程育人、科研育人、实践育人、文化育人、网络育人、心理育人、管理育人、服务育人、资助育人、组织育人。这就要求高校各部门通力合作，形成育人合力。专业课教师要挖掘所授课程中的思政元素，与思政课形成协同效应；辅导员、班主任等要发挥日常管理、服务育人的独特作用；行政管理部门要将育人理念贯穿管理服务全过程；作为思想政治教育的专业力量，思政教育教师应不断提升自身专业素养和教学能力，创新教学方法和手段，提高思政课堂的吸引力和感染力。思政教育教师应在思政教育体系中发挥统筹协调作用，与专业课教师、辅导员、班主任、行政管理人员等保持密切联系，共同构建协同育人的良好格局。

## 三、"大思政"理念与传统思政教育的区别

### （一）由知识灌输向价值引导转变

在当前教育改革的大背景下，高校思想政治教育正经历着由知识灌输向价

值引导的深刻转变。这一转变的核心在于,教师不再把学生视为被动的知识接受者,而是充分尊重学生的主体地位,着眼于引导学生自主建构起对世界、对人生、对价值的认知和理解。这种教育理念的更新,既是时代发展的必然要求,也是思想政治教育提升针对性和实效性的关键所在。

具体而言,实现由知识灌输向价值引导的转变,需要思政教育教师在教学内容、教学方式等方面进行系统性的创新。

在教学内容上,教师要跳出单纯罗列概念、原理的传统思路,更加注重将思想政治教育基本原理(即思想政治教育活动所遵循的基本规律、原则和方法,以及这些规律、原则和方法在思想政治教育实践中的应用和体现)与当代中国实际、与学生成长发展实际紧密结合起来。这就要求教师既要有深厚的理论素养,又要对社会现实有敏锐的洞察力,能够引导学生在纷繁复杂的现象中把握本质、在多元多变的声音中明辨是非。

在教学方式上,思政课堂要从"一言堂"走向互动交流,从被动灌输转向主动探究。教师要创设民主、平等、开放的教学氛围,鼓励学生畅所欲言,表达自己对人生价值、社会问题的真实感受和独特见解。在交流碰撞中,学生可以不断反思自我、完善认知,逐步形成科学的世界观、人生观和价值观。教师也要善于运用启发式、探究式的教学方法,引导学生主动思考、积极求索,在亲身实践中感悟真理、坚定信念。这就要求教师树立以生为本的教育情怀,尊重学生的个体差异,因材施教、循循善诱,最大限度地激发每一名学生的主动性和创造性。

### (二)从课堂向全校范围拓展

在"大思政"理念的指导下,高校思想政治教育工作应延伸到校园生活的方方面面。课堂作为思政教育的主阵地,其作用不容忽视。但如果仅局限于课堂,思政教育的效果必将大打折扣。因此,"大思政"理念提倡将思政教育从课堂向全校范围拓展,通过创新教育形式和拓宽教育空间,实现思政教育的全覆盖和高质量。

全校范围的思政教育要求教育者跳出传统的思维定式,充分挖掘各种教育资源和载体的思政元素。校园文化活动、社会实践、志愿服务、学生社团等,都蕴含着丰富的思政教育价值。通过精心设计和组织,这些活动可以成为传递思政内容、提升思政实效的生动课堂。例如，在校园文化节中融入爱国主义教育，在社会实践中强化社会主义核心价值观引领，在志愿服务中培育奉献精神和责任意识。这种将显性教育与隐性教育相结合的方式，能够拓宽学生接受思政教育的途径，提高思政教育的吸引力和感染力。

"大思政"理念下的全校性思政教育还体现在构建全员参与的工作格局。思政教育不应是思政课教师的"独角戏"，而应成为学校全体教职员工的共同责任。专业课教师要善于挖掘所授课程中的思政元素，将价值引领融入知识传授；行政管理人员要注重将思政教育渗透到管理服务的各个环节。唯有如此，才能形成全员全过程全方位育人的良好氛围，真正实现"大思政"的教育理念。

"大思政"理念实施的关键在于构建网上网下相结合的立体化教育矩阵。当代大学生思想活跃、个性鲜明，单一的说教式思政教育往往难以奏效。因此，高校要主动占领新媒体阵地，利用微信、微博、短视频等平台，创新思政教育的话语体系和表达方式。通过开设网上思政公开课、建设思政教育专题网站、制作思政微视频等，增强思政教育的时代感和吸引力。同时，要坚持线上线下同向发力，将网上引导与课堂教学、实践活动有机结合，不断拓展思政教育的广度和深度。

## 四、"大思政"理念在当代社会的意义

### （一）回应时代发展要求

"大思政"理念的提出，是对高校思想政治教育的内在规律和时代发展需求的深刻把握。它顺应了新时代高等教育改革的大趋势，体现了思想政治教育与时俱进、开拓创新的时代特征。

从宏观层面来看，"大思政"理念是高校落实立德树人根本任务的必然要求。随着我国社会主义现代化建设的不断推进，各行各业对高素质人才的需求日益增加。这就要求高校必须坚持育人为本，把立德树人贯穿教育教学全过程。"大思政"理念强调发挥课程、科研、实践、文化、网络、心理、管理、服务等方面的育人功能，构建全员全过程全方位育人格局，为实现立德树人提供了行动指南。同时，"大思政"理念引领高校将价值塑造、知识传授与能力培养三者

高度融合,努力造就德智体美劳全面发展的社会主义建设者和接班人。

从中观层面来看,"大思政"理念契合了高校思想政治教育内容与方式创新的时代需求。面对新时代大学生的成长特点和思想状况,传统的说教式、灌输式思政教育往往难以奏效。"大思政"理念提倡将思想政治教育融入各类课程和教学环节,充分挖掘哲学社会科学的育人功能,增强教育的吸引力与感染力。例如,高校可以在专业课教学中渗透科学的立场、观点和方法,引导大学生运用科学理论分析和解决实际问题。同时,注重在创新创业教育、志愿服务、社会实践等活动中强化思想引领,帮助大学生在实践中砥砺品格、升华思想。

从微观层面来看,"大思政"理念顺应了思想政治教育与信息技术深度融合的发展方向。当代大学生成长于信息化时代,已经习惯于通过网络、新媒体获取信息和表达观点。"大思政"理念提出要用好"互联网+"思政工作新平台,创新运用大数据、人工智能等技术手段,推动思想政治教育传统优势同信息技术高度融合。例如,高校可以依托智慧校园平台,建设个性化、精准化的"一站式"学生服务系统,用学生喜闻乐见的方式提供思想引领、心理辅导等服务。这既顺应了时代发展趋势,也有利于增强思政教育的针对性和实效性。

## (二)培养新时代公民

"大思政"理念强调培养新时代公民,这对于学生形成积极参与社会生活的良好素养具有重要意义。新时代公民不仅需要具备扎实的知识基础和专业技能,更需要树立正确的价值观念,养成积极向上的生活态度,以及主动承担社会责任的意识和能力。

在"大思政"教育中,教师应充分利用各类教学资源和实践平台,引导学生关注社会现实、了解国家发展、思考个人成长与社会进步的关系。通过组织学生参与志愿服务、社会实践、公益活动等,培养其奉献精神和责任意识。同时,鼓励学生积极参与体育、艺术、科技等活动,发掘自身特长,提升综合素质,在丰富多彩的课外生活中塑造健康向上的人格品质。

"大思政"理念还强调加强学生的人文修养和道德培育。通过开展形式多样的校园文化活动,如诗词大会、演讲比赛、辩论赛等,陶冶学生情操,提升人文素养。注重发掘各学科蕴含的思政元素,将社会主义核心价值观融入教学全过程，引导学生形成正确的世界观、人生观和价值观。营造良好的校园文化环境，通过潜移默化的影响，使学生在日常生活中内化道德品质、外化文明行为。

### （三）加强国家意识和文化自信的建设

"大思政"理念不仅有助于增强学生的国家意识，培养他们的爱国主义情怀，而且能够提升学生的文化自信，为培养社会主义建设者和接班人奠定坚实的基础。在当前复杂多变的国内外形势下，加强学生的国家意识和文化自信显得尤为重要和紧迫。

从国家意识的视角来看，"大思政"理念引导学生正确认识国家的政治制度、经济社会发展成就，增强学生对国家的认同感和归属感。通过系统学习思想政治教育基本原理和中国特色社会主义理论体系，学生能够深刻领会党的基本理论、基本路线、基本方略，坚定"四个自信"，自觉肩负起民族复兴的时代重任。同时，国家意识的培育还要求学生关注国家发展面临的机遇与挑战，以高度的社会责任感投身国家建设事业。这就要求教师引导学生把个人理想追求与国家前途命运紧密结合起来，立志成为堪当民族复兴大任的时代新人。

从文化自信的视角来看，"大思政"理念突出中华优秀传统文化、革命文化和社会主义先进文化在塑造当代大学生价值观念、道德品质等方面的重要作用。通过挖掘和阐释中华优秀传统文化的时代价值，引导学生传承和弘扬中华民族精神，使学生能够树立文化自信、坚定文化自觉。尤其是面对多元文化交流碰撞的新形势，学生更需要在中华优秀传统文化的基础上形成正确的文化认同，以开放包容的心态对待不同文明，增强文化自觉和判断力，做到取其精华、去其糟粕。

## 五、"大思政"理念在高校育人中的价值体现

### （一）增强学生的道德修养和科学文化素养

"大思政"视域下，增强学生的道德修养和科学文化素养是高校思想政治教育的重要内容和目标。道德修养是一个人行为操守和精神境界的综合反映，是

个人在道德认知、道德情感、道德意志和道德行为等方面达到的境界和水准。而科学文化素养是指个人掌握必要的科学知识，具备科学精神、科学思维和科学方法，并能够运用科学知识和方法认识世界、解决问题的综合素质。

大学阶段既是学生世界观、人生观和价值观形成的关键时期，也是其道德品质、科学素养得以升华的重要阶段。高校思想政治教育肩负着引导学生树立正确的世界观、人生观、价值观，塑造高尚的道德品质，提升科学文化素养的重任。这不仅关乎学生个人的全面发展，更关系到国家、民族的未来。

### （二）促进学生身心全面发展

"大思政"视域下，促进学生全面发展是高校思想政治教育的重要目标。"大思政"理念强调在德智体美劳各方面对学生进行全方位的培养，帮助其形成正确的世界观、人生观和价值观，提升综合素质，实现个性化发展。

在知识层面，高校思想政治教育不仅要传授思想政治教育基本原理、中国特色社会主义理论体系等理论知识，更要引导学生将其内化为自身修养、外化为实际行动。通过理论与实践的紧密结合，帮助学生树立远大理想，坚定理想信念，锤炼意志品质，不断提升思想境界和精神追求。

在能力层面，高校思想政治教育要注重对学生创新精神和实践能力的培养。鼓励学生积极参与社会实践活动，在实践中增长才干、磨砺意志；引导学生发挥聪明才智，勇于探索未知，敢于挑战自我，在创新创造中实现自身价值。同时，加强对学生沟通协调、团队合作等社会交往能力的培养，为其成长成才奠定基础。

在情感态度层面，高校思想政治教育要着力塑造学生高尚的道德情操和健康向上的审美情趣。培养学生的爱国主义情怀，增强其社会责任感和使命感。开展丰富多彩的校园文化活动，陶冶学生的情操，提升人文素养，引导其形成积极乐观、昂扬向上的生活态度。

高校思想政治教育还要重视学生身心健康和体育锻炼。开展形式多样的体育活动，增强学生体质，提高身体素质。关注学生心理健康教育，完善心理健康服务体系，积极预防和化解学生成长过程中的心理问题，促进学生身心和谐发展。

# 第二节 高校思想政治教育的基本理论

## 一、高校思想政治教育的概念与特点

### （一）概念界定

高校思想政治教育是指高等院校通过课程教学、实践活动等多种途径，对学生进行系统的思想政治理论教育和思想道德教育，培养他们成为中国特色社会主义事业的合格建设者和可靠接班人的教育活动。它是我国社会主义教育事业的重要组成部分，在高校人才培养中发挥着不可替代的作用。

准确理解高校思想政治教育的内涵，必须把握其基本概念和鲜明特点。从概念上看，高校思想政治教育具有鲜明的政治属性、思想属性和教育属性。其政治属性体现在，高校思想政治教育必须坚持党的领导，全面贯彻党的教育方针，巩固党的执政地位。其思想属性体现在，高校思想政治教育用思政教育的最新成果武装学生头脑，引导学生树立共产主义远大理想和中国特色社会主义共同理想，确立正确的世界观、人生观和价值观。其教育属性体现在，高校思想政治教育必须遵循教育教学规律，充分发挥教师的主导作用和学生的主体作用，在教与学的互动中实现思想政治素质的提升。

### （二）特点分析

高校思想政治教育具有鲜明的政治性。作为思想工作的重要阵地，高校肩负着培养社会主义建设者和接班人的重任。因此，高校思想政治教育必须坚持用习近平新时代中国特色社会主义思想铸魂育人，引导学生树立共产主义远大理想和中国特色社会主义共同理想，坚定中国特色社会主义道路自信、理论自信、制度自信、文化自信，努力成长为德智体美劳全面发展的社会主义建设者和接班人。这种政治属性决定了高校思想政治教育必须体现鲜明的政治立场、政治方向、政治要求，必须把立德树人作为根本任务，把价值塑造作为核心内容。

高校思想政治教育具有显著的育人性。高校思想政治教育的根本目的是立德树人,即帮助学生树立正确的世界观、人生观、价值观,培养其理想信念、道德情操、扎实学识、奋斗精神,引导其成为德才兼备的社会主义事业的合格建设者和可靠接班人。为实现这一目标,高校思想政治教育必须遵循学生成长成才规律,既重视理论教育,又注重实践活动;既加强显性教育,又强化隐性熏陶;既注重普遍教育,又突出分类指导;全方位、全过程育人,增强针对性和实效性。

高校思想政治教育具有鲜明的时代性。随着社会主要矛盾转化和国际形势深刻变化,当代大学生的思想观念、价值取向、行为方式也发生着巨大变化。高校思想政治教育必须紧跟时代步伐,主动回应学生的关注点和困惑点,用贴近学生、贴近生活、贴近实际的话语体系和表达方式,引导学生在理论和实践的结合中坚定理想信念、厚植爱国情怀。同时,高校思想政治教育应主动融入信息化时代,运用新媒体平台开展生动活泼的教育活动,拓展教育阵地,创新教育模式,使教育内容更加走心、传播方式更加走脑。

高校思想政治教育体现出系统性特点。大学生思想政治教育是一项复杂的系统工程,不仅涉及教育内容、教育方法,而且涉及教育主体、教育对象、教育载体、教育环境等诸多要素。这就要求我们必须树立系统观念,强化顶层设计,科学统筹各项要素,形成党委统一领导、党政齐抓共管、职能部门各负其责、全体教师积极参与、学生主动发展的工作格局。

高校思想政治教育还具有持续性特点。大学生思想政治素质的养成不是一蹴而就的,需要长期坚持、持之以恒。思想政治教育绝非一次讲座、一次活动就能完成的任务,而是一个循序渐进、水到渠成的过程。这就要求我们既要重视显性教育,开好思想政治教育理论课,又要注重隐性熏陶,挖掘各类课程的德育功能,加强校园文化育人建设,完善学校管理育人体系。

## 二、高校思想政治教育的基本理论框架

### (一)理论框架构建

高校思想政治教育理论框架构建是一项系统工程,需要在深入把握思政教

育规律的基础上，科学设计各个层次的理论内容。

高校思想政治教育理论框架应立足育人实际，针对学生成长发展需求，设计切合实际、贴近生活的教育内容。当代大学生正处于价值观形成的关键时期，他们渴望探索人生意义，追寻理想信念。高校思想政治教育要顺应这一特点，在理论阐述中融入生动鲜活的案例，引导学生将所学知识内化为价值追求、外化为实际行动。例如，在讲授社会主义核心价值观时，教师可以选取身边典型，讲述榜样故事，激发学生的情感共鸣和行为认同。又如，在阐释中国梦的丰富内涵时，教师可以联系学生的专业特点和个人志向，引导其把个人理想与国家发展相结合，把人生追求与民族复兴相统一。

高校思想政治教育理论框架应体现时代性和前瞻性。面对国内改革发展新形势，高校思想政治教育要引导学生把握发展大势，勇于肩负时代重任，在波澜壮阔的民族复兴征程中书写华彩人生。与此同时，高校思想政治教育要着眼长远，加强前瞻性思考，引导学生正确看待人类社会发展规律，增强学生对科学真理的信仰，坚定共产主义远大理想。

高校思想政治教育理论框架的构建还应遵循系统性原则，注重各层次内容的内在逻辑和有机衔接。中国特色社会主义理论体系既各有侧重，又相互联系、相互贯通。在设计教学内容时，要立足整体框架，把握各部分的逻辑关系，使之形成完整、严密、有序的理论体系。同时，要处理好理论教育与实践教育、显性教育与隐性教育、课堂教学与课外活动的关系，充分发挥各环节、各领域在育人过程中的协同效应，构建全员全过程全方位育人的大格局。

## （二）理论框架创新发展

高校思想政治教育理论框架是一个动态发展的过程，它需要与时俱进，不断吸收和借鉴最新的理论成果和实践经验。改革开放以来，随着社会主义市场经济体制的逐步建立和完善，高校思想政治教育面临着新的机遇和挑战。一方面，市场经济的发展为高校思想政治教育提供了更加广阔的平台和更加丰富的资源；另一方面，市场经济也带来了利益多元化、价值观多样化等新情况，对高校思想政治教育提出了新的要求。

高校思想政治教育理论框架的创新发展还要立足于教育教学实践，关注大学生群体的思想特点和行为变化。当代大学生成长于改革开放和社会主义现代化建设的新时期,他们的价值取向、利益诉求呈现出多元化特征,对精神文化生活有着更高的期待。因此,高校思想政治教育理论框架必须紧密结合大学生的实际需求,有针对性地设计教育内容和方式方法,用大学生喜闻乐见、易于接受的方式讲清道理、讲透道理,引导他们树立正确的世界观、人生观、价值观。例如,可以创新教育载体,用微视频、H5、VR 等新媒体丰富教学内容;开展体验式、参与式、互动式教学活动,激发大学生的主体意识和参与热情;构建线上线下相结合的教育平台,延伸教育时空,提高教育实效。

高校思想政治教育理论框架的时代进展还体现在与其他学科领域的深度融合方面。当前,自然科学和人文社会科学都呈现出交叉融合的发展趋势,不同学科之间的边界日益模糊。高校思想政治教育要主动适应这一趋势,加强与哲学、历史学、心理学等学科的对话交流,吸纳其研究视角和方法,开拓教育新领域。例如,将脑科学研究成果运用到思想政治教育中,探索教育对大脑认知、情感等活动的影响机制;运用大数据技术搜集和分析学生的思想动态、行为习惯,为因材施教提供精准画像;借鉴叙事学、传播学理论,创新教育话语体系和传播方式,增强教育的吸引力和感染力。

## 三、高校思想政治教育的基本原则

### (一)面向全体学生

教育普遍性原则是指高校思想政治教育要面向全体学生,不分专业、年级、背景,满足每一名学生成长发展的需要。这一原则体现了社会主义教育的公平正义理念,彰显了高校思想政治教育的人文关怀。在实践中贯彻这一原则,需要我们深刻认识其内在要求,创新工作方式方法。

教育普遍性原则要求高校思想政治教育要有广泛的覆盖面。当前,高校学生群体日益多元化,不同专业、年级、地域的学生在思想认识、价值追求、行为方式等方面存在一定差异。面对这种情况,高校思想政治教育决不能"因材施教"缩小工作半径,而应该有教无类,将每一名学生都纳入工作视野。只有实现全覆盖,才能不让每一名学生掉队,为他们提供必要的引导和帮助。

教育普遍性原则要求高校思想政治教育要有丰富的内容供给。学生的成长

树立正确的世界观、人生观、价值观。

### （二）激发认知兴趣与思维深度

知识传授是高校思想政治教育中一项重要的教学任务，它是激发学生认知兴趣、开拓思维深度的关键所在。在思政课堂上，教师不仅要注重知识的系统性和逻辑性，更要注重知识的生动性和趣味性。通过精心设计教学内容，创新教学方式方法，引导学生主动参与、积极思考，从而真正实现知识传授的目标，提升思政教学的育人质量。

要有效开展知识传授，教师首先要准确把握思政课程的教学目标和内容体系。思政课程涵盖了思想政治教育基本原理、中国特色社会主义理论体系等丰富内容，这些内容既有理论上的系统性、逻辑性，又与学生的现实生活密切相关。教师要在深入研读教材、把握教学大纲的基础上，结合学生的认知特点和兴趣需求，精心遴选教学内容，突出重点、难点，合理把握教学进度和节奏。同时，教师要注重挖掘思政元素与其他学科知识的联系，引导学生在知识的汪洋中开阔视野、启迪智慧。

知识传授的过程不仅仅是简单的"授之以渔"，更应该是启发学生自主探索、主动思考的过程。为此，教师要革新教学模式，充分利用现代信息技术手段，增强课堂教学的吸引力和感染力。例如，教师可以运用多媒体课件、微视频等形式生动呈现教学内容，以视听语言的优势提升学生的理解力和记忆力；又如，教师可以开展头脑风暴、小组讨论、模拟体验等互动式教学，调动学生参与的积极性，引导其在讨论碰撞中加深对知识的领悟。同时，教师要善于将理论联系实际，引导学生运用科学的立场、观点和方法分析现实问题，在实践中检验和强化理论修养，做到知行合一、学以致用。

在知识传授的过程中，教师还应注重对学生思维方式的引导和塑造。一方面，教师要引导学生树立唯物史观，学会用联系发展的眼光看问题，在纷繁复杂的社会现象中把握本质和规律。另一方面，教师要注重培养学生的理性思维和批判精神，引导其学会独立思考，敢于怀疑，善于质疑。这就要求教师在教学中开放言路，鼓励学生畅所欲言、表达不同观点，进而引导其在争鸣和反思中明晰是非、坚定理想信念。

### (三) 提高社会实践与问题解决能力

在高校思想政治教育中，提高学生的社会实践与问题解决能力是一项重要的能力培养目标。社会实践是将理论知识运用到现实生活中的过程，它不仅能够帮助学生深化对思想政治教育理论的理解，更能培养学生分析问题、解决问题的能力。通过社会实践，学生能够走出校园，深入基层，了解社会现实，感知时代脉搏，增强社会责任感和使命感。同时，实践过程中遇到的各种问题和挑战，也能锻炼学生的逻辑思维、创新意识和团队协作等关键能力。

为了有效提高学生的社会实践与问题解决能力，高校思想政治教育需要在教学内容和方法上进行创新。这就要求教师将社会实践有机融入课堂教学，引导学生将所学理论知识与现实问题相结合，培养其运用知识分析问题、解决问题的能力。

社会实践与问题解决能力的培养离不开科学的指导和反思。在实践过程中，教师要充分发挥引导者和协助者的作用，帮助学生明确实践目标，把握正确方向。同时，教师要引导学生对实践经历进行系统总结和反思，提炼经验教训，优化问题解决策略，实现能力的螺旋式上升。

# 第三节　"大思政"视域下的高校思想政治教育目标

## 一、培养学生的社会责任感

### (一) 社会责任感的内涵及重要性

社会责任感是指个人或组织对社会和他人应尽的义务和责任。它要求人们在追求自身利益的同时，也要为社会的进步和他人的福祉作出贡献。对于大学生而言，社会责任感的培养尤为重要。它不仅关乎个人的健康成长，更影响着国家和民族的未来。

在"大思政"育人格局下，高校思想政治教育肩负着培养大学生社会责任感的重要使命。思政教育要帮助学生树立正确的世界观、人生观和价值观，引导其胸怀家国、心系天下，自觉把个人理想融入民族复兴的伟业之中。通过学习中国特色社会主义理论，学生应能够深刻认识到个人命运与国家前途、民族兴衰紧密相连，从而树立起为国为民的责任意识和担当精神。

思政教育还要引导学生走进社会、了解民情，在实践中强化责任意识。通过志愿服务、社会调研、公益活动等形式，让学生深入基层一线，切身体验人民群众的甘苦冷暖，在服务他人、奉献社会的过程中升华认知、锤炼意志。同时，学校要搭建实践育人平台，为学生参与社会治理、投身科技创新提供机会，引导其在实干中强化使命担当。

培养学生的社会责任感，既要发挥课堂教学的主渠道作用，又要注重实践活动的载体功能。思政课作为落实立德树人根本任务的关键课程，教师要充分发掘其教学内容中蕴含的责任意识因素，引导学生在学习讨论中内化价值追求、升华思想认识。

## （二）实践环节在培养社会责任感中的作用

社会实践活动是培养学生社会责任感的重要途径。通过走出校园，深入社会，参与各类志愿服务、社会调查、公益活动等，学生能够直观地感受社会现实，了解国情民生，在服务他人、奉献社会的过程中，强化责任意识，提升责任担当。

在社会实践中，学生面对的是鲜活的社会现实和具体的服务对象。他们需要运用所学知识和技能去观察问题、分析问题，提出解决方案，付诸实际行动。这一过程不仅能够锻炼学生运用知识服务社会的能力，更重要的是能够唤醒他们心中的家国情怀和使命担当。当看到自己的努力为他人带来帮助和改变时，当感受到个人与社会、国家紧密相连时，学生的社会责任感必将在心中萌发和升华。

社会实践还能促进学生将个人理想追求与国家、社会需要相结合。在走访基层、服务群众的过程中，学生能够更加直观地认识社会、理解国情，思考自身与社会的关系。他们将个人成长与国家发展、民族复兴紧密相连，将个人价值追求融入为人民服务、为社会主义建设服务的伟大实践中，在投身社会的洗礼中坚定理想信念，在艰苦奋斗的磨砺中升华责任担当。

高校要高度重视社会实践在培养学生社会责任感中的独特作用。一方面，要完善社会实践管理体系，将社会实践纳入人才培养方案，强化教育引导，提供经费保障，为学生参与社会实践提供制度保证。另一方面，要丰富社会实践内容形式，搭建多样化实践平台，组织主题鲜明、内容丰富、形式多样的社会实践活动，引导学生在服务社会中坚定理想信念、厚植家国情怀、提升责任担当。

## 二、提升学生的思想道德素质

### （一）思想道德素质的基本内涵与培养途径

作为高校思想政治教育的核心内容之一，思想道德素质的培养对于学生的全面发展和健康成长具有重要意义。高校应构建系统完整的思想道德教育体系，引导学生树立正确的世界观、人生观、价值观，提升其道德修养和人格品质。

思想道德素质是个体对社会主流思想的认同、内化和践行的综合反映。它涵盖了政治信仰、道德情操、价值取向等多个方面，体现了一个人的精神境界和行为操守。对于学生而言，思想道德素质的形成和发展不仅关乎个人的健康成长，更影响着国家的未来和民族的希望。因此，高校必须高度重视思想道德教育，将其作为立德树人的根本任务，贯穿于人才培养的全过程。

高校应着力构建全方位、多层次、立体化的思想道德教育体系。首先，要强化实践育人环节，组织学生深入基层、服务社会，在亲身体验中感悟真理的力量，在奉献实践中砥砺高尚的道德情操。其次，要注重日常教育和管理，将思想道德教育融入学校管理和校园文化建设之中，营造积极健康、向上向善的育人氛围。

### （二）校园环境对思想道德素质形成的影响

高校校园环境对学生的思想道德素质培养具有潜移默化的影响。大学阶段是学生世界观、人生观、价值观形成的关键时期，校园作为学生学习和生活的主要场所，其物质文化环境和精神文化氛围对学生思想道德素质的塑造发挥着不可替代的作用。一个积极向上、充满人文关怀的校园环境能够滋养学生高尚的情操，引导其树立正确的价值取向。

从物质文化环境来看，高校校园规划布局、建筑风格、景观设计等都蕴含着丰富的育人元素。一座座寓意深刻的雕塑，一幅幅启迪心智的壁画，都在无声地传递着崇高的精神追求和道德理念。当学生日复一日地置身其中，耳濡目染、潜移默化，其思想观念和价值取向也必然受到影响。因此，高校应充分发挥环境育人功能，注重校园硬件设施的人文内涵，营造幽雅、文明的校园环境，以此感染学生、塑造学生。

从精神文化氛围来看，高校校园文化活动、校风教风、人际关系等都对学生的思想道德素质具有重要影响。一个积极健康、充满正能量的校园文化，能够引导学生树立远大理想、培养高尚情操；而浮躁庸俗、缺乏内涵的校园文化，可能误导学生的价值观念，甚至影响其道德品质。因此，高校要高度重视校园文化建设，广泛开展丰富多彩的校园文化活动，如志愿服务、社会实践等，引导学生践行社会主义核心价值观。同时，高校要注重校风教风学风建设，促进师生形成良性互动，在潜移默化中提升学生的思想境界。

## 三、增强学生的国家认同感

### （一）国家认同感的构成及其影响因素

国家认同感是个体对自身所属国家的情感依附、价值认同和行为支持。它是公民国家观念的核心，对国家的政治稳定、经济发展和社会和谐具有重要意义。国家认同感的构成要素包括认知认同、情感认同和行为认同三个方面。其中，认知认同是指公民对国家的基本国情、发展历程、制度文化等方面的了解和认可，情感认同是指公民对国家的情感依恋和心理归属，行为认同则表现为公民在日常生活中自觉维护国家利益、遵纪守法的实际行动。

影响国家认同感形成的因素错综复杂，既有个体成长环境、教育背景等内部因素，也有国家发展状况、国际环境等外部因素。从个体层面来看，家庭、学校、社会等环境潜移默化地影响着个人国家认同感的形成。良好的家庭教育能够帮助学生树立正确的国家观念，学校爱国主义教育则能够进一步强化学生的家国情怀。从社会层面来看，一个国家的经济实力、文化软实力、国际地位等因素对国家认同感的形成也有深刻影响。例如，经济的发展进步能够增强学生对国家的信心，文化的繁荣昌盛能够提升学生的自豪感，良好的国际形象则有利于增进学生对国家的向心力。

国家认同感的形成既是国家凝聚力的体现，也是国家认同教育的结果。然而，国家认同感的培育绝非一蹴而就的，而是一个循序渐进、潜移默化的过程。这就要求在国家认同教育中，不仅要重视显性的课堂教学，更要注重隐性的环境熏陶。通过爱国主义教育基地建设、红色文化传承弘扬等方式，营造浓厚的爱国氛围，引导学生在耳濡目染中增强国家认同感。同时，要结合学生的特点，采取有针对性的教育引导策略，例如，可以通过开展志愿服务等活动，引导其在实践中增强家国情怀；也可以通过宣传国家发展成就、讲好中国故事等途径，激发其爱国热情。

国家认同感对于国家发展和个人成长而言都具有重要意义。国家认同感的强弱直接关系到国家的凝聚力和向心力，进而影响国家的政治稳定、经济发展与社会和谐。一个国家认同感强的国家，其公民能够团结一心、众志成城，为国家发展贡献智慧和力量。相反，一个国家认同感缺失的国家，往往容易陷入分裂和动荡，其现代化进程也会受到阻碍。对于个人而言，国家认同感是个人社会化的重要内容，对于树立正确的世界观、人生观、价值观具有重要意义。拥有了国家认同感，个人才能真正成长为有理想、有担当的社会主义建设者和接班人。

培育国家认同感是一项系统工程，需要全社会的共同努力。在当前"大思政"育人格局下，高校思想政治教育理应肩负起这一重任。高校要充分发挥课堂主渠道作用，将国家认同教育内容融入思政课程和专业课程教学之中。同时，要深入挖掘校训、校史、校风中蕴含的爱国主义教育资源，在潜移默化中培养学生的家国情怀。此外，高校要积极开展形式多样的校园文化活动，如国旗下讲话、主题班会、演讲比赛等，为增强学生的国家认同感搭建平台。

## （二）"大思政"视域下的国家认同教育策略

在"大思政"视域下，高校思想政治教育要着力增强学生的国家认同感，培养爱国主义情怀。国家认同是一个国家得以维系的精神纽带，是社会成员对国家的归属感、认同感和忠诚度。对于学生而言，树立国家认同感意味着将个人发展与国家命运紧密相连，以家国情怀和责任担当投身于民族复兴的伟大事业中。

要增强学生的国家认同感，首要任务是加强课程育人建设。高校各类课程都蕴含着丰富的爱国主义教育资源，需要广大教师主动挖掘、合理利用。尤其是思想政治教育理论课，作为高校思想政治教育的主阵地和主渠道，更应该成为培育国家认同感的排头兵。教师要充分利用思政课的课程内容，系统阐释中华民族的光荣历史和优秀文化传统，引导学生正确认识国家、民族，厚植爱国情怀。

课程教学要坚持知行合一、学以致用。国家认同不能仅仅停留在口号上，更要落实到行动中。因此，在课堂教学中，教师要注重培养学生爱国、报国、兴国的使命感和责任感；要引导学生树立远大理想，把个人理想融入国家发展的宏伟蓝图，以执着的信念和昂扬的斗志投身于全面建设社会主义现代化国家的伟大实践中。同时，要引导学生从小事做起，从身边做起，养成爱国爱民的良好习惯，用实际行动诠释家国情怀。

丰富的实践活动是增强国家认同感的重要途径。高校要充分利用各类纪念日、重大节庆等时间节点，精心组织实践活动。例如，在五四青年节、"七一"等重要节日，可以开展红色经典诵读、革命传统教育、先进事迹报告等活动，引导学生传承红色基因，坚定理想信念。此外，高校要积极搭建志愿服务和社会实践平台，引导学生在服务社会、奉献他人的过程中，升华爱国情感，强化国家认同。

## 四、培育学生的创新精神和实践能力

### （一）培育创新精神和实践能力的意义

创新精神和实践能力是培养高素质复合型人才的关键所在。在新时代背景下，高校思想政治教育必须把创新精神和实践能力的培养作为重要目标，切实增强教育教学的针对性和实效性。

从知识视角来看，创新精神和实践能力的培养需要打破学科界限，实现知识的交叉融合。思想政治教育理论课要与哲学、历史、经济等学科深度对话，引导学生形成多维视角和批判性思维。通过知识体系的创新构建，帮助学生掌握分析问题和解决问题的钥匙，为其创新实践奠定坚实的基础。

从能力视角来看，创新精神和实践能力的培养要求教师创新教学方式，营造参与式、体验式的学习氛围。要广泛运用案例教学、情景模拟、小组讨论等方法，激发学生主动思考的欲望。要搭建实践育人平台，组织学生参与社会调查、志愿服务、创新创业等活动，在实践中增强学生的责任意识和担当精神。同时，要注重师生互动、生生互动，培养学生的团队协作能力。唯有在开放包容、平等互信的课堂氛围中，学生的创新潜能才能得以充分释放。

从价值引领视角来看，创新精神和实践能力的培养必须立足中国特色社会主义核心价值观。要引导学生正确认识个人与国家、社会的关系，树立为党和人民事业不懈奋斗的崇高理想。要激发学生投身创新创造的热情，引导其把个人梦想融入中国梦，在创新实践中实现人生价值。同时，要注重学生道德品质的塑造，培养其遵纪守法、诚实守信的优良品格。唯有如此，学生才能成长为德才兼备的时代新人。

高校还要注重营造鼓励创新、包容失败的制度环境和文化氛围。要完善相关政策制度，在学生评优评先、升学就业中体现创新导向。要开展形式多样的创新创业教育，提供经费支持和指导服务。要宣传先进典型，讲好创新故事，让创新精神成为校园文化的鲜明底色。这样，在全员、全过程、全方位育人格局中，学生必将获得更多创新实践的机会。

## （二）结合高校特色的创新与实践教学方法

创新与实践教学是培养学生创新精神和实践能力的关键途径。在新时代背景下，高校应当立足自身特色，积极探索课堂教学与社会实践相结合的人才培养模式。这不仅有助于学生将理论知识内化为实践智慧，更能激发他们的创新潜能，为未来的职业发展奠定坚实基础。

高校在设计创新与实践教学活动时，应当充分考虑学科专业特点和人才培养目标。对于工科类专业，可以通过开展工程设计大赛、创新创业项目等，鼓励学生将所学知识应用于实际问题的解决；对于人文社科类专业，可以组织社会调查、田野考察、志愿服务等，引导学生在实践中加深对理论的理解和运用。无论采取何种形式，创新与实践教学都应当突出学生的主体地位，给予他们充分的自主权和探索空间。教师则应当充当引导者和协助者的角色，为学生提供必要的指导和支持。

课堂教学是创新与实践能力培养的重要阵地。教师应当革新传统的"满堂灌"式教学，采用启发式、探究式、参与式等多样化的教学方法，激发学生的学习兴趣和求知欲。同时，教师应当注重将创新创业教育融入专业课程之中，通过设置开放性问题、组织小组讨论等方式，培养学生的批判性思维和创新意识。此外，建立灵活多样的课程考核方式也十分必要。教师可以引入过程性评价，考核学生在实践活动中的表现，而不是单纯依靠期末考试来评判学习效果。

社会实践是创新与实践能力培养的延伸与拓展。高校应当积极整合社会资源，与企业、科研机构、社区等建立长期稳定的合作关系，为学生提供丰富多样的实践平台。通过参与实习实训、创新创业项目、社会调查等活动，学生能够将书本知识与实际运用相结合，提升解决实际问题的能力。同时，在实践活动中，学生还能够锻炼组织协调、沟通表达、团队合作等关键能力，为未来走向职场做好准备。

高校还应当注重营造良好的创新创业氛围，完善相关的制度保障和政策支持。例如，设立大学生创新创业基金，为优秀项目提供资金支持；建立大学生创新创业指导服务中心，为学生提供全方位的指导和帮助；开设创新创业类通识课程，普及创新创业知识；搭建大学生创新创业成果展示平台，营造积极的创新氛围。通过构建完善的创新创业教育体系，高校能够为学生的创新实践活动提供坚实的保障。

# 第二章 "大思政"视域下高校思想政治教育课程体系构建

## 第一节 课程体系的基本框架

### 一、课程体系设计的指导思想

#### (一) 构建符合社会主义核心价值体系的课程指导思想

社会主义核心价值体系是党和国家团结凝聚人心、引领社会发展的重要思想旗帜,是高校思想政治教育的根本遵循和价值引领。在构建高校思想政治教育课程体系的过程中,必须始终坚持以社会主义核心价值体系为指导,将其内化为课程设计的灵魂、外化为教学实践的行动。

社会主义核心价值体系蕴含了中国特色社会主义的基本价值取向,反映了全党全国人民的共同理想信念、价值理念、道德观念。它深深植根于中华优秀传统文化,具有鲜明的民族特色和时代特征。将社会主义核心价值体系贯穿于高校思想政治教育课程体系之中,有利于帮助学生树立正确的世界观、人生观、价值观,涵养爱国主义情怀,坚定中国特色社会主义道路自信、理论自信、制度自信、文化自信。

在课程目标设定上,要以培养担当民族复兴大任的时代新人为出发点和落脚点,深刻把握社会主义核心价值体系的丰富内涵和实践要求,引导学生将家国情怀、公民意识、奋斗精神等内化于心、外化于行。在教学内容选择上,要遵循社会主义核心价值体系的基本精神,科学设置课程模块,优化整合教学资源,增强教学内容的思想性、针对性与亲和力。例如,可以围绕理想信念教育、爱国主义教育、道德品质教育等设计系列课程,引导学生把对远大理想的坚定信念同自己的人生追求结合起来,把爱国之情、强国之志同个人成长进步结合起来。

在教学模式创新上，要紧密联系学生思想实际，创新方式方法，拓展教学时空，提高教学吸引力和感染力。要善于运用社会主义核心价值体系引领社会思想、凝聚人心的丰富案例，用生动鲜活的语言讲深、讲透道理，用学生喜闻乐见的形式开展教学，切实增强思想政治教育的针对性和实效性。同时，要加强实践育人，引导学生在社会实践中感悟社会主义核心价值体系，在亲身体验中坚定理想信念。

### （二）反映新时代教育方针的课程设计导向

新时代教育方针的颁布为高校思想政治教育课程设计指明了方向。它强调要以习近平新时代中国特色社会主义思想为指导，全面贯彻党的教育方针，落实立德树人根本任务，培养德智体美劳全面发展的社会主义建设者和接班人。这一方针体现了党和国家对教育事业的高度重视，对高校思政课程建设提出了新的更高要求。

高校思政课程设计应牢牢把握这一时代主题，将习近平新时代中国特色社会主义思想贯穿于教学全过程。一方面，要在教学内容上全面系统地阐释习近平新时代中国特色社会主义思想的丰富内涵、精神实质和实践要求，帮助学生深刻领会其历史地位和重大意义，深刻认识"两个确立"的决定性意义，增强"四个意识"、坚定"四个自信"、做到"两个维护"。另一方面，要创新教学形式和方法，采用互动式、参与式、体验式等教学模式，激发学生学习兴趣，提高教学实效。通过情景教学、案例分析等方式，引导学生将理论知识内化为价值追求、外化为实际行动。

高校思政课程设计还应体现以人民为中心的发展思想，切实增强教育教学的针对性与亲和力。要紧密联系学生思想实际，回应学生成长发展中面临的新情况新问题，有针对性地开展教育引导。既要讲清楚理论道理，又要讲透彻实践逻辑，引导学生把对理论的认同转化为情感的认同、价值的认同。同时，要尊重学生主体地位，关注学生内心世界，多为学生成长成才创造机会和条件。

新时代教育方针还强调要促进高校思政课程与思想政治教育工作的有机融合，充分发挥课程育人和实践育人的协同效应。高校思政课程设计应统筹考虑"第一课堂"和"第二课堂"，加强与学生工作、校园文化、社会实践等方面的联动。例如，通过组织实践活动，引导学生在亲身参与中深化对理论知识的理解和感悟；充分利用新媒体平台，延伸课堂教学的时间和空间，增强教学的吸引力与感染力。

### （三）贯彻全人教育理念的实践与创新

贯彻全人教育理念是新时代高校思想政治教育的必然要求。全人教育理念强调以人的全面发展为目标，注重学生知识、能力、品德等多方面的培养，这与高校思想政治教育的育人导向高度契合。在课程体系构建中落实全人教育理念，需要从课程目标、课程内容设置、教学方式方法等多个维度进行系统设计和创新实践。

在课程目标层面，应树立"立德树人"的鲜明导向。高校思想政治教育理论课不仅要教育学生掌握思想政治教育基本原理，还要引导学生将所学知识内化为正确的世界观、人生观、价值观，成为德智体美劳全面发展的社会主义建设者和接班人。这就要求在目标设定上突出价值引领，将理想信念教育、道德品质教育融入知识传授过程，实现全员全过程全方位育人。

在课程内容设置上，要加强课程思政元素的挖掘与融合。思想政治教育理论课承载着丰富的哲学社会科学知识，蕴含着深厚的人文精神和道德内涵。教师应立足学科特点，深入发掘各门课程中蕴含的思政教育资源，将社会主义核心价值观、中华优秀传统文化等有机融入教学内容，使思政教育润物无声、入脑入心。同时，要注重选取学生喜闻乐见、贴近生活的案例素材，增强教学的吸引力和感染力。

在教学方式方法上，要积极探索互动式、体验式教学。全人教育理念强调以学生为中心，尊重学生的主体地位，注重调动其学习的主动性和创造性。这就要求思政课教师转变传统的"满堂灌"模式，采用研讨式、案例式、情境式等多样化教学手段，通过师生互动、生生互动等方式，引导学生主动参与、积极思考，在体验中领悟道理、坚定信念。同时，要充分利用信息技术手段创设沉浸式学习环境，增强教学的时代感和吸引力。

贯彻全人教育理念还要重视实践育人。高校思想政治教育绝不能停留在课堂讲授层面，而应该走出课堂、走向社会，引导学生在亲身参与中受教育、长才干、作贡献。要充分整合校内外德育资源，搭建实践育人平台，组织学生深入基层、服务社会，在实践中提高认识、砥砺品格，实现知行合一。

## 二、课程体系的结构与层次

### （一）确立课程体系的核心理念与目标

确立课程体系的核心理念与目标是构建高校思想政治教育课程体系的首要任务。这一理念和目标不仅决定了课程体系的价值取向和育人方向，更直接影响着课程设置、教学内容、教学方法等一系列关键要素。因此，必须立足"大思政"视域，深入分析新时代高校思想政治教育的使命要求，准确把握课程体系建设的规律特点，进而明确核心理念，确立总体目标。

从价值理念层面来看，高校思想政治教育课程体系应将社会主义核心价值观融入教学全过程。这就要求课程体系必须坚持正确的政治方向，用思想政治教育的最新成果武装学生头脑，引导学生树立共产主义远大理想和中国特色社会主义共同理想，厚植爱国主义情怀，把爱国情、强国志、报国行自觉融入坚持和发展中国特色社会主义、建设社会主义现代化强国、实现中华民族伟大复兴的奋斗之中。同时，课程体系应体现以人为本、全面发展的教育理念，关注学生成长需求，促进学生德智体美劳全面发展，最终实现高校立德树人的根本任务。

从目标定位层面来看，高校思想政治教育课程体系应致力于培养担当民族复兴大任的时代新人。党的十八大以来，党中央站在实现中华民族伟大复兴的战略高度，对加强和改进高校思想政治教育工作作出一系列重大部署。这为高校思想政治教育课程体系建设指明了方向，提出了更高要求。新时代高校思想政治教育肩负着培养德智体美劳全面发展的社会主义建设者和接班人的重大责任，必须紧紧围绕学生、关照学生、服务学生，最终实现学生的全面发展和健康成长。因此，高校思想政治教育课程体系的总体目标应聚焦立德树人的根本任务，着眼培养一代又一代拥护中国共产党领导和我国社会主义制度、立志为中国特色社会主义奋斗终身的人才。

### （二）分层次构建课程体系架构

分层次构建课程体系架构是"大思政"视域下高校思想政治教育课程体

构建的重要环节。它要求我们立足思想政治教育的总体目标,从宏观、中观、微观三个层面系统设计课程结构,实现知识、能力、情感态度价值观的协调发展。

在宏观层面,课程体系架构应体现思想政治教育的整体性和系统性。它需要综合考虑高校人才培养目标、社会发展需求、学生成长规律等因素,科学规划必修课、选修课、实践课等不同类型课程的比例和关系,使之形成合理的结构和有序的逻辑。同时,课程体系架构应注重思想性、理论性和实践性的统一,既要重视思想政治的理论教育,又要加强社会主义核心价值观培育,还要强化实践育人途径,多维度推进学生全面发展。

在中观层面,课程体系架构需要处理好通识教育与专业教育、显性课程与隐性课程、线上教学与线下教学的关系。一方面,要发挥通识教育的基础作用,夯实学生的知识根基和能力底线;另一方面,要发挥专业教育的优势,促进思政课程与专业课程的融会贯通。既要重视显性课程的主渠道作用,又要注重隐性课程的内涵浸润;既要利用线上教学的便捷性,又要发挥线下教学的互动性。通过统筹规划、分类指导,构建课内课外、线上线下、"第一课堂"和"第二课堂"协同育人的立体化课程体系。

在微观层面,课程体系架构要突出教学内容的针对性和实效性。广大思政课教师应深入研究当代大学生的思想行为特点和接受习惯,精心遴选反映时代主题、贴近学生实际的教学素材,运用小组讨论、案例分析、情景模拟等多样化教学方式,增强思政课的吸引力和感染力。同时,教学内容应体现前沿性和挑战性,及时回应学生的现实关切和价值困惑,引导学生运用科学的立场、观点、方法分析问题和解决问题,在探究未知、追求真理的过程中升华认识、锤炼意志、坚定信念。

## 三、必修课程与选修课程的设置

### (一)高校必修思政课程的模块设计与内容选取

高校必修思政课程是落实立德树人根本任务的重要载体,在培养学生正确的世界观、人生观、价值观方面发挥着不可替代的作用。科学、合理地设计必修思政课程的模块与内容，对于增强思政课的吸引力和感染力、提升思政教育的针对性和实效性具有重要意义。

在必修思政课程模块设计中，应坚持以习近平新时代中国特色社会主义思想为指导，将思想政治教育基本原理与中国实际相结合，把社会主义核心价值观融入教学全过程。课程模块应涵盖思想政治教育基本原理概论、毛泽东思想和中国特色社会主义理论体系概论、中国近现代史纲要、思想道德修养与法律基础、形势与政策等核心内容，深入讲解党的基本理论、基本路线、基本方略，引导学生树立共产主义远大理想和中国特色社会主义共同理想。

在具体内容选取上，应紧密结合学生的思想实际和成长需求，增强教学的时代性和针对性。深入挖掘中华优秀传统文化中蕴含的思想道德精华和教化思想，引导学生传承中华美德；积极回应学生在世界观、人生观、价值观形成过程中遇到的现实问题，引导学生树立正确的人生目标和择业观；高度关注国内外形势发展变化，引导学生正确认识国家面临的机遇和挑战，坚定中国特色社会主义道路自信、理论自信、制度自信、文化自信。

必修思政课程的内容设计还应体现问题导向和互动参与理念。教师要精心设计教学环节，把握学生的认知规律，设置富有时代特色和学生喜闻乐见的话题，鼓励学生畅所欲言，引导学生在讨论交流中进行深度思考和价值判断；积极运用案例教学、情景教学、体验式教学等方法，增强教学的生动性和参与性，引导学生在实践体验中触摸思想的力量，内化为精神追求。

## （二）开设选修课程增强课程体系的灵活性与选择性

选修课程是高校思想政治教育课程体系的重要组成部分，对于拓宽学生知识视野、培养学生综合素质具有独特优势。与必修课程相比，选修课程在内容设置上更加灵活多样，能够适应不同学生的个性化需求。通过开设形式新颖、内容丰富的选修课程，可以有效激发学生的学习兴趣，调动其主动性和创造性，使思想政治教育更具吸引力和感染力。

从知识层面来看，选修课程有助于弥补必修课程的不足，为学生提供更为全面、系统的知识结构。必修课程受限于课时安排，往往只能涵盖思想政治教育的基本理论和核心内容；而选修课程可以围绕某一专题深入展开，或对前沿问题进行探讨，拓展知识的广度和深度。

从能力层面来看，选修课程为培养学生的独立思考能力、批判性思维能力提供了广阔空间。选修课程教学通常采用研讨式、参与式等方式，鼓励学生畅所欲言、发表见解。在交流碰撞的过程中，学生可以学会用科学的立场、观点、方法分析问题，提升运用理论武装头脑、指导实践的能力。同时，部分选修课程可以与社会实践相结合，组织学生走出校园、深入基层，在亲身体验中感悟真理、磨砺意志，将所学知识运用于解决实际问题，增强实践能力。

从素质层面来看，丰富多彩的选修课程有利于学生全面发展，特别是在价值引领、人格塑造方面发挥重要作用。选修课程可以紧密结合学生成长成才的需要，开设诸如"人生哲学与价值选择""心理健康教育"等课程，引导学生树立正确的世界观、人生观、价值观，提升心理素质。

# 第二节 "大思政"理念下的课程创新

## 一、引入新时代思政元素

### （一）新时代思想政治教育理论的融入

新时代背景下，思想政治教育事业面临着前所未有的机遇和挑战。高校作为培养高素质人才的重要阵地，在推进思想政治教育创新发展中肩负着重大使命。为了更好地适应新形势下思政教育的需求，高校必须积极将习近平新时代中国特色社会主义思想深度融入教学实践，用党的创新理论武装学生头脑、指导学生实践、推动学生成长。

将习近平新时代中国特色社会主义思想融入高校思政课教学，首先要系统学习和深刻领会其丰富内涵和核心要义。习近平新时代中国特色社会主义思想开辟了马克思主义中国化时代化新境界。它深刻回答了新时代坚持和发展什么样的中国特色社会主义、怎样坚持和发展中国特色社会主义等重大时代课题，是指导新时代中国特色社会主义事业的纲领性文献。

要精心设计教学内容，突出习近平新时代中国特色社会主义思想的时代特色和理论特质。一方面，教学内容要紧密联系党和国家事业发展的生动实践，将理论阐释与中国特色社会主义伟大实践相结合，生动展现习近平新时代中国特色社会主义思想的真理力量和实践伟力。要引导学生立足中国特色社会主义伟大实践，深刻认识"两个确立"的决定性意义，增强"四个意识"、坚定"四个自信"、做到"两个维护"。另一方面，要展现习近平新时代中国特色社会主义思想的理论内涵，深入阐释贯穿其中的思想政治教育基本原理，揭示其丰富内容、完整体系和鲜明特色。要引导学生深入学习这一重要思想的时代背景、核心要义、丰富内涵、实践要求，深化对习近平新时代中国特色社会主义思想的认知及认同。

要创新教学方法，提高思政课教学的吸引力与感染力。教师要坚持理论联系实际，将习近平新时代中国特色社会主义思想的抽象理论阐释具体化，引导学生用党的创新理论指导社会实践。从学生关注的热点问题切入，用新思想、新观点分析解读中国经济社会发展中的重大问题。同时，要注重互动式、体验式、项目化教学，创新教学载体和手段，增强教学的吸引力。要善于运用学生喜闻乐见的话语方式，将高深的理论通俗化、形象化，激发学生的学习兴趣。还要充分利用现代信息技术，推动思政小课堂同社会大课堂相结合，增强教学的时代感和互动性。

要坚持知行合一，推动习近平新时代中国特色社会主义思想入脑入心。要引导学生把对新思想新理论的学习同树立正确的世界观、人生观、价值观结合起来，真正筑牢理想信念根基。同时，要搭建实践育人平台，组织引导学生参与社会实践和志愿服务，在亲身体验和践行中将所学理论内化为信念追求、外化为实际行动，以知促行、以行促知，将信仰之火点燃在青春的心田。

## （二）融合社会热点事件

融合社会热点事件，是提升思政课程针对性和吸引力的重要途径。当代大学生思维活跃，对社会现实问题高度关注。将学生关注的热点事件引入课堂，不仅能够激发其学习兴趣，调动参与热情，更有助于引导学生运用科学的立场、观点和方法分析现实问题，增强理论学习的现实感和获得感。

在教学实践中，教师要紧跟时代步伐，密切关注社会发展动向，主动将新闻热点、焦点问题融入教学内容。这就要求教师具有敏锐的洞察力和广博的知识视野，能够准确把握事件的本质，深入剖析其中蕴含的思想内涵。同时，教师应创新教学方式方法，采取师生互动、小组讨论、角色扮演等多样化形式，引导学生积极思考、主动参与，在交流碰撞中加深对理论的理解和认同。

融合社会热点进行教学并非简单地"贴标签"，而是要深入挖掘事件背后的思想内核。此外，对社会热点事件的剖析应坚持问题导向，注重引导学生辩证思考、独立判断，提高其运用科学理论分析复杂问题的能力，切实增强课程教学的针对性和实效性。

## 二、创新思政课程教学模式

### （一）采用多元化教学手段

在新时代背景下，高校思想政治教育面临着新的机遇和挑战。为了更好地实现立德树人的根本任务，教师必须与时俱进，创新教学手段，打造互动性与体验性的学习环境。多元化的教学手段不仅能够激发学生的学习兴趣，提高教学效果，更能够促进学生全面发展，培养其家国情怀和社会责任感。

运用多媒体技术是创新思政课教学的重要途径。通过制作生动形象的课件，融入视频、音频等多样化元素，教师能够将抽象的理论知识转化为直观的感性认知，帮助学生更好地理解和掌握课程内容。同时，多媒体技术能营造身临其境的学习情境，让学生在沉浸式体验中感悟思政教育的意义和价值。例如，在讲述革命先烈事迹时，教师可以播放相关纪录片或影视作品片段，让学生身临其境地感受革命先辈的崇高精神和家国情怀，从而激发其爱国情感。

开展主题实践活动是提升思政课教学实效性的有效方式。通过组织参观红色教育基地、开展志愿服务、举办主题辩论赛等形式多样的实践活动，能够让学生将所学知识与社会实际相结合，在实践中加深对理论的理解和认识。同时，学生在活动中与他人合作交流、表达观点，也有利于培养其团队意识和沟通能力。例如，教师可以带领学生参观革命纪念馆，开展"寻访红色足迹"主题活动，引导学生在亲身体验中感悟革命先烈的崇高品格和坚定信念，进而坚定自己的理想信念与人生追求。

引入翻转课堂等新型教学模式也是创新思政课教学的重要尝试。在翻转课堂中，学生需要在课前完成指定的学习任务，如观看教学视频、阅读参考资料等，课堂则主要用于讨论交流、答疑解惑。这种教学模式突出学生的主体地位，强调对其自主学习和探究能力的培养，有利于调动学生学习的积极性和主动性。同时，教师在课堂上可以更加关注学生的个性化需求，因材施教，实现教学的精准化和个性化。

充分利用信息技术手段，建设网络思政教育平台，也是拓展思政课教学时空的有效途径。教师可以借助微信公众号、"学习通"等平台，及时推送与教学内容相关的时政热点、案例分析等，引导学生关注社会现实，增强课程的针对性和实效性。同时，可以开设在线学习课程、组织网络研讨等，为学生提供更加便捷灵活的学习方式，突破传统课堂教学的时空限制。

### （二）培养批判性思维

批判性思维是高校思想政治教育中不可或缺的重要组成部分。在"大思政"理念的指导下，引导学生主动思考和质疑，对于培养其独立思考的能力、辨别是非的洞察力及解决问题的创新力具有重要意义。

在思想政治教育课堂教学中，教师要积极创设有利于培养学生批判性思维的教学情境。通过设置开放性问题，鼓励学生从不同角度分析问题，提出自己的见解，形成个性化的认知。同时，教师要引导学生勇于质疑权威，敢于挑战既有结论，培养其独立思考的勇气和自信心。

教师要注重培养学生的信息甄别能力。在信息爆炸的时代，学生接收的信息良莠不齐，如果缺乏必要的辨别能力，很容易被片面甚至错误的观点所误导。因此，教师要引导学生运用批判性思维，学会从多个信息源获取资料，综合分析其真实性和可靠性，形成客观理性的认知。同时，教师要提醒学生保持开放包容的心态，尊重不同观点，在批判中吸收有益成分，不断完善自己的知识体系。

培养学生的批判性思维，还需要为其提供亲身实践的机会。思想政治教育课堂不应局限于理论知识的传授，更应该成为学生运用所学知识分析现实问题的平台。教师可以引导学生走出课堂、深入社会，开展调查研究，了解不同群体的所思所想。在实践中，学生能够将理论知识与现实情况相结合，提出自己的见解和对策，在解决问题的过程中提升思辨能力和实践水平。

### （三）增强课堂互动

在"大思政"理念的指导下，增强课堂互动，构建师生共同参与、共同探索、共同成长的知识交流平台，已成为深化高校思想政治教育教学改革的重要举措。课堂互动作为一种富有生命力的教学方式，能够有效激发学生的学习兴趣，调动其参与热情，推动知识内化为学生的思想觉悟和价值追求。

从教师角度来看，增强课堂互动有助于转变传统的"满堂灌"教学模式，树立以学生发展为中心的教育理念。在互动式教学中，教师不再是高高在上的权威，而是学生学习的引导者、合作者和促进者。教师需要根据教学内容和学生特点，精心设计互动环节，创设民主、平等、开放的课堂氛围，鼓励学生畅所欲言，表达自己的观点看法。同时，教师要通过启发诱导、案例分析等方式引导学生深入思考，培养其独立思考、理性分析的能力。

从学生角度来看，课堂互动为其提供了展示自我、交流碰撞的舞台。在互动过程中，学生能够与教师、同学充分交流、相互启发，加深对知识的理解和认识。这种交互不仅发生在知识层面，更体现在情感、态度、价值观的交融中，有助于学生通过积极参与、深度体验，在潜移默化中构建起正确的世界观、人生观和价值观，实现全面发展。课堂互动的方式和途径多种多样，问答、讨论、辩论、角色扮演、情景模拟等都是行之有效的互动方法。教师应根据思政课程的特点，灵活采用恰当的互动形式，激发学生的参与热情。

课堂互动要取得实效，还需要教师与学生共同努力。一方面，教师要不断提升互动设计和引导能力，为学生搭建互动平台；另一方面，学生要端正学习态度，积极主动地投入互动中，与他人真诚交流、平等对话。只有教师和学生携手并进、共同参与，课堂互动才能真正成为推动思政教育教学改革、提升教学质量的有效途径。

## 三、结合专业特点进行课程设计

### （一）考虑学科专业背景

要实现思政教育与专业知识的有机结合，必须充分考虑学科专业背景的特点和要求。不同学科专业都有独特的知识体系、思维方式和价值取向，这就决定了思政教育不能采取"一刀切"的方式，而应根据专业特点进行针对性设计。

以工程类专业为例，其专业课程通常注重理论联系实际，强调动手能力和创新意识的培养。这就要求思政教育不能仅停留在理论灌输层面，而应注重引导学生在实践中感悟思政内涵，在创新中坚定理想信念。教师可以结合工程伦理、科技发展等话题开展专题教育，引导学生思考技术进步与社会责任的关系，培养其"以人为本、崇尚科学"的价值理念。同时，教师可以引导学生参与科技创新实践，在项目研究、学科竞赛中锤炼意志品质，在服务社会、造福人民的过程中升华家国情怀。

无论是人文社科还是自然科学，都蕴含着丰富的思政教育元素。其关键在于教师要有"融合意识"，善于挖掘专业知识中的思政内涵，创新教学方式方法，促进显性教育与隐性教育的交融。例如，在文学专业课程教学中，教师可以引导学生深入分析作品所反映的时代风貌、社会问题，在对经典的解读中感悟家国情怀、文化自信；在物理、化学等理科专业教学中，教师则可以结合科学家的成长事迹，引导学生领悟科学精神的内涵，将个人发展与国家需求、民族复兴紧密相连。

## （二）针对性设计教学内容

针对不同专业学生的需求设计教学内容，是落实"大思政"理念、提升思政课程针对性和有效性的关键举措。在专业背景和知识结构差异显著的高校，思政课程若采用"一刀切"的教学模式，很难兼顾不同学生群体的认知特点和学习需要。为了解决这一问题，思政课教师必须立足学生专业特点，有的放矢地设计教学内容，实现思政教育与专业教育的有机融合。

教师要深入了解不同专业的知识体系和人才培养目标，挖掘其中蕴含的思政教育元素。以理工科专业为例，教师可以结合科学精神、工匠精神等主题，引导学生思考科技创新与社会责任、个人价值与国家发展的关系。对于人文社科专业，教师则可以借助经典著作、历史典故等，帮助学生厘清个人理想、家国情怀与时代使命的内在联系。通过深度挖掘专业知识中的思政内涵，教师能够使课程内容更加贴近学生的学习和生活，激发其学习兴趣和参与热情。

教师要根据不同专业学生的认知特点，因材施教地呈现教学内容。理工科学生普遍偏好逻辑清晰、证据充分的论证方式，教师可以运用演绎推理、实证分析等方法"以理服人"，阐释思政原理。人文社科专业学生更容易被生动形象、富有感染力的语言所吸引，教师可以通过讲故事、列案例等形式，将抽象的道理转化为具体的情境，引导学生在潜移默化中接受思政教育。艺术类学生对于美的事物更加敏感，教师可以借助音乐、绘画、影视作品等媒介，在艺术熏陶中润物无声地开展思政教育。

教师要积极开发专业实践中的思政教育资源。专业实践既是学生运用所学知识提升综合素质的重要平台，也是开展思政教育的生动课堂。教师要善于捕捉专业实践中的思政教育契机，引导学生在实践中坚定理想信念、磨砺意志品质。例如，在社会调研、志愿服务等实践活动中，教师可以引导学生关注社会问题，思考个人成长与国家发展的关系；在创新创业实践中，教师可以鼓励学生勇于开拓、敢于担当，将个人梦想融入民族复兴的时代洪流。通过在专业实践中渗透思政教育，学生能够获得更加生动、深刻的情感体验，并将其内化为正确的价值取向和道德品质。

教师要注重教学内容的持续更新和优化。随着时代发展和社会进步，思政教育内容也需要与时俱进、不断创新。教师要立足新时代背景，将党的创新理论、社会热点问题等及时纳入教学，增强思政课程的时代感和吸引力。同时，教师要虚心听取学生的意见建议，根据教学反馈动态调整教学内容，不断提升教学的针对性与实效性。

### （三）实施差异化教学策略

差异化教学策略是现代教育理念的重要体现，其核心在于尊重学生的个体差异，根据学生的学习需求、认知特点和发展潜力，采取灵活多样的教学方式，为不同层次的学生提供适合的教育，最大限度地发掘每名学生的潜能，促进其全面发展。在"大思政"视域下，实施差异化教学策略对于促进高校思想政治教育发展具有重要意义。

从学生主体的角度来看，大学生群体在思想观念、价值取向、知识基础等方面存在着明显差异。有的学生政治意识较强，理论素养较高；有的学生对思政课程缺乏兴趣，学习动机不足。如果采取"一刀切"的教学模式，很难兼顾不同学生的实际需求。而差异化教学强调以学生为中心，根据学生的个性特点和发展需要设计教学内容和方法，能够有效调动学生的学习积极性，满足学生的多元化需求，使每名学生都能在思政课堂上有所收获、有所进步。

从教学内容的角度来看，高校思想政治教育理论课涉及思想政治教育基本原理、中国特色社会主义理论体系等多方面内容，既有理论高度，又有实践深度。面对如此复杂的教学内容，教师必须根据学生的认知基础和接受能力进行合理取舍和拆分，设计出层次分明、循序渐进的教学方案。对于基础较好的学生，教师可以引导其进行更深入的理论探讨和实践运用；对于基础较弱的学生，教师则应着重夯实基本概念，加强思政教育理论与现实问题的联系，帮助其构建起完整的知识体系。

从教学方法的角度来看，差异化教学要求教师灵活运用多种教学手段，为不同层次的学生创设个性化的学习情境。例如，教师可以通过课堂讨论、案例分析、情景模拟等方式，引导学习能力较强的学生进行探究性学习和批判性思考；对于学习能力较弱的学生，教师可以采取启发诱导、个别辅导等方式，及时解决其学习困惑，为其提供必要的学业支持。此外，教师可以运用现代信息技术手段，建立网络学习平台，为学生提供丰富的学习资源和自主学习机会，满足学生差异化、个性化的学习需求。

## 四、强化课程的实践性和应用性

### （一）提供实际案例分析

在推进"大思政"理念下的课程创新过程中，提供实际案例分析是提升学生实际操作能力的重要途径。实际案例作为理论知识在现实情境中的具体呈现，能够帮助学生将抽象的概念、原理与生动的现实联系起来，加深对知识的理解和掌握。同时，通过分析和讨论实际案例，能够培养学生运用所学知识分析问题、解决问题的能力，提高其综合素质和实践能力。

教师在进行实际案例分析时，应注重案例的选择和设计。一方面，所选案例应与教学内容密切相关，能够有效支撑和深化理论知识的学习；另一方面，案例应具有一定的典型性和代表性，能够反映所学知识在实际中的应用情况。此外，案例应具有适当的难度和挑战性，既不能过于简单，导致学生失去兴趣；

也不能过于复杂，超出学生的认知水平。

在案例分析的过程中，教师应引导学生深入思考，鼓励其积极参与讨论。教师可以提出一些开放性问题，激发学生的好奇心和探究欲望；也可以设置一些情境式问题，要求学生运用所学知识提出解决方案。在讨论过程中，教师还应注重引导学生从多角度、多层面分析问题，培养其全面思考、辩证思考的能力。同时，教师要鼓励学生勇于质疑、敢于创新，提出自己的独特见解，以培养其批判性思维和创新意识。

教师还可以通过小组合作的方式开展案例分析，培养学生的团队意识和协作能力。在小组讨论中，学生需要相互交流、相互启发，共同完成案例分析任务。这不仅能够促进学生之间的互动和交流，而且能够提高其表达能力、沟通能力和组织协调能力。通过小组合作，学生能够体验团队的力量，懂得互帮互助、取长补短的道理，这对于其未来的学习和发展都具有重要意义。

### （二）设计模拟实践环节

模拟实践环节是"大思政"理念下创新思政教育课程体系的重要组成部分。它强调在理论学习的基础上，为学生提供真实或接近真实的实践情境，引导其将所学知识与实际问题相联系，在探究和解决问题的过程中加深对理论的理解，提升运用知识分析问题、解决问题的能力。这种教学模式不仅有助于激发学生的学习兴趣，调动其主动性和积极性，更能促进其综合素质的全面提升。

在设计模拟实践环节时，教师应立足课程目标和学情特点，精心设计教学内容和活动。一方面，模拟实践活动要与理论教学紧密结合，选取能够体现课程核心知识、反映社会热点问题的实践主题。同时，实践活动还应具有开放性和挑战性，为学生提供充分展示才华、发挥创造力的平台。另一方面，教师要合理把控实践活动的难度和深度，既要激发学生的求知欲和好奇心，又要防止其产生畏难情绪。此外，教师还应该提供必要的指导和支持，引导学生科学地制定实践方案，合理地选用研究方法，客观地分析和评价结果。

在模拟实践环节中，学生处于主体地位。他们不再是被动的知识接受者，而是以小组合作的方式主动参与到实践探究中。在明确任务目标后，学生需要通过头脑风暴、集体讨论等形式，集思广益，提出解决问题的思路和方案。在实施方案的过程中，学生要相互配合，分工协作，发挥各自的特长。这些环节不仅能够提升学生的团队意识和沟通协调能力，也能让他们体验团结协作、共同进步的快乐。模拟实践为学生提供将理论运用于实践的机会。他们要运用课堂所学知识分析现实问题，论证解决方案的可行性，预测可能遇到的困难，并提出应对策略。在这一过程中，学生能够提升分析问题、解决问题的能力，培养批判性思维和创新性思维。

模拟实践环节的成果评价不拘泥于单一的考试成绩，而是采取过程性评价与终结性评价相结合的方式。过程性评价重点考查学生在实践活动中的表现，如参与度、合作意识、方案设计的科学性和创新性等。教师可以通过观察、提问、学生自评互评等方式进行评价，及时发现问题，给予反馈和指导。终结性评价则注重实践成果（包括研究报告、调查分析、方案设计等）的质量。教师要基于科学的评价标准，对学生的成果进行客观、公正的评判，并给予建设性的意见和建议。多元化的评价方式有助于全面考查学生的实践能力和综合素质，避免因片面追求分数而忽视对能力的培养。

## （三）引导服务学习项目

服务学习项目为学生提供将所学知识运用于实践、服务社会的宝贵机会，是促进学生社会实践能力发展的重要途径。通过参与服务学习，学生能够深入社区，了解社会现实，认识不同群体的需求和问题。在服务过程中，学生需要运用所学专业知识和技能，设计并实施服务方案，解决实际问题。这一过程不仅能够深化学生对理论知识的理解和掌握，更能培养其分析问题、解决问题的实践能力。

服务学习不同于单纯的志愿服务，它强调服务与学习的紧密结合。学生在服务中学习，在学习中服务，通过反思和总结，将服务体验转化为宝贵的学习收获。这种"在实践中学习，在学习中实践"的模式，有利于学生将书本知识内化为实际能力，培养勇于实践、敢于担当的责任意识和奉献精神。同时，服务学习为学生提供广阔的社会实践平台，拓宽他们的视野和思路。通过接触不同的社会群体和问题情境，学生能够更加全面、立体地认识社会，增强社会责任感和使命感。这些宝贵的实践经历，将成为学生未来成长和发展的重要财富。

服务学习还能够促进学生综合素质的提升。在服务过程中，学生需要与服务对象、团队成员进行沟通协作，这对其人际交往能力、团队合作意识的培养大有裨益。同时,面对服务过程中的种种挑战和困难,学生的忍耐力、责任心也能得到锻炼。服务学习使学生走出校园、投身社会,在实际工作中砥砺品格,在奉献服务中升华情操。这种全过程、多维度的综合能力培养,对于学生成长为德智体美劳全面发展的社会主义建设者和接班人至关重要。

# 第三节 实践课程与理论课程的融合

## 一、实践课程与理论课程的互补性分析

### (一) 实践课程的作用

实践课程在强化学生的操作能力和现场感知方面有至关重要的作用。与理论课程相比,实践课程更注重对学生动手能力和解决实际问题能力的培养。通过亲身参与各种实践活动,学生能够将课堂上学到的理论知识与实际应用相结合,加深对知识的理解和掌握。同时,实践课程能够锻炼学生的观察力、分析力和判断力,提高其应对复杂问题的能力。

在实践课程中,学生通过亲自动手操作,能够更直观地感受理论知识在现实世界中的应用。这种感性认识有助于加深学生对抽象概念的理解,使其建立起完整的知识体系。例如,在物理实验课上,学生通过设计实验方案、搭建实验装置、收集数据等一系列环节,能够更深刻地理解物理学原理,感受科学探究的魅力。类似地,在工程设计、社会调查等实践课程中,学生也能够通过亲身体验,获得宝贵的现场感知。

实践课程能够培养学生的创新意识和实践能力。在开放性的实践活动中,学生需要根据实际情况设计解决方案,这对其创新思维和问题解决能力的培养大有裨益。例如,在机器人竞赛中,学生需要根据赛题要求设计机器人,并不断调试、优化其性能。这一过程不仅考验学生的动手能力,更能激发其创新潜能。

实践课程还能够增强学生的职业素养和社会责任感。在实习、志愿服务等实践活动中,学生能够深入了解行业发展状况,体验职业角色,培养职业道德

和敬业精神。同时，参与社会实践能够增强学生的社会责任感，使其意识到自身行为对他人、对社会的影响，从而树立正确的价值观和道德观。

## （二）理论课程的价值

理论课程在高校思想政治教育中发挥着基础性和导向性的重要作用。它能为学生系统学习思想政治教育基本原理、掌握科学的世界观和方法论奠定坚实的基础。通过系统、深入、透彻地阐述思想政治教育理论的最新成果，理论课程能够帮助学生深刻领会习近平新时代中国特色社会主义思想的精神实质和丰富内涵，深刻认识"两个确立"的决定性意义，增强"四个意识"、坚定"四个自信"、做到"两个维护"。同时，理论课程还着力回应学生在成长过程中面临的现实困惑，引导他们运用科学的立场、观点、方法分析和解决实际问题，切实增强运用科学理论观察和思考问题的能力。

从知识架构的角度来看，理论课程有助于构建完整、系统的思想政治教育理论体系。通过系统学习，学生能够理解和把握思想政治教育基本原理及其相互之间的内在逻辑关系，形成对思想政治教育的整体性、全局性认识。这种宏观的理论视野和知识框架，不仅是学生进一步学习和研究的基础，更是其用思想政治教育理论武装头脑、指导实践的前提。

从能力培养的维度来看，理论课程为学生提供了科学思维的方法和路径。它不仅蕴含着丰富的理论内容，还彰显出无与伦比的思维方法和分析路径。通过学习思想政治教育基本原理，学生能够掌握辩证唯物主义和历史唯物主义的世界观和方法论，学会运用联系的、发展的、全面的观点认识事物，掌握社会基本矛盾分析法等科学方法。这些理论思维方法和分析工具，能够帮助学生透过纷繁复杂的社会现象把握本质，增强解决实际问题的能力。可以说，理论课程是大学生方法论培养的主阵地。

## 二、实践课程的需求分析与实施策略

### （一）需求分析

深入分析学生需求和社会发展趋势是实践课程设计的重要基础。只有通过系统调研、科学论证，准确把握学生的学习特点、职业发展愿景及社会经济转型对人才的新要求，才能确保实践课程设置的针对性和有效性。具体而言，实践课程设计应立足以下四个方面开展需求分析工作。

第一，深入了解学生的知识结构、能力水平和学习风格等基本情况。通过问卷调查、访谈座谈、学情诊断等多种方式，全面收集学生的学习需求和意见建议，分析其在实践教学中可能面临的困难和挑战。只有建立在扎实调研基础之上的实践课程，才能激发学生的学习兴趣，调动其参与的主动性和积极性。

第二，准确把握学生的职业发展方向和行业人才需求。实践课程不同于理论课程，它强调知识的应用和能力的培养，必须紧密对接学生的就业去向和职业发展路径。教师应主动走出校门，深入相关行业企业一线，通过实地考察、专家咨询等方式，了解市场需求动向，洞察职业岗位的能力要求，进而在课程设计中突出职业导向，提升学生的就业竞争力。

第三，关注经济社会发展的宏观趋势和国家战略需求。当前，我国正处于经济转型升级、社会转型发展的关键时期，对各类创新型、复合型人才的需求日益凸显。实践课程必须立足国家发展大局，主动适应经济社会转型对人才培养提出的新要求，在课程目标、教学内容等方面积极创新，培养学生的创新意识、创业精神和实践能力，为国家发展战略提供有力的人才支撑。

第四，借鉴国内外先进的教育理念和成功经验。随着教育现代化和国际化的不断推进，国内外涌现出许多先进的教学模式和实践做法，为我们的实践课程设计提供了有益启示。教师应加强同行交流，学习、借鉴国内外一流大学在实践教学领域的改革创新举措，充分吸收其中的优秀元素，为我们的课程建设提供借鉴和参考。

### （二）实施策略

实践课程的有效实施离不开校内外资源的整合与优化。高校应充分利用自身的师资力量、设施设备等优势，为学生提供丰富多样的实践机会。例如，可以组织学生参观校内的实验室、博物馆、图书馆等，让他们亲身感受不同学科领域的研究状态和发展前沿。同时，可以拓展校外资源，与企业、科研机构、社会组织等建立长期稳定的合作关系。通过联合开展项目研究、实习实践等活动，让学生接触到真实的工作环境，发现相关的实际问题，获得宝贵的实践经验。

在实践教学环节的设计上，教师应根据课程目标和学生特点，灵活采用多样化的教学方法。案例教学、项目驱动、情景模拟等都是行之有效的实践教学手段。教师可以通过设计贴近实际、富有挑战性的任务，引导学生运用所学知识解决问题，培养其分析问题、解决问题的能力。在实践过程中，教师还应注重对学生的指导与反馈，及时发现并解决学生遇到的困难，引导其不断反思和改进。

高校还应完善实践教学的管理与评价机制。例如，建立健全实践教学质量监控体系，定期开展教学评估和学生满意度调查，并将结果作为改进实践教学的重要依据；建立科学合理的学生评价标准，综合考查学生在实践过程中的表现和成果，激励其努力提升实践能力。

实践课程是培养学生实践创新能力、提高人才培养质量的重要途径。深化产教融合、校企合作，优化整合校内外资源，创新实践教学模式和方法，是新时代高校思想政治教育改革的必然要求。只有不断完善实践教学体系、提高实践教学水平，才能真正实现知行合一，培养出德智体美劳全面发展的社会主义建设者和接班人。

## 三、理论与实践相结合的教学模式探索

### （一）案例教学法

案例教学法在强化理论与实践联系方面具有独特优势。通过精心设计的案例，学生能够在具体情境中理解抽象的理论知识，加深对概念原理的把握。一个典型的案例中往往蕴含着丰富的理论内涵，需要学生运用所学知识进行分析和思考。在这一过程中，学生不仅要回顾和巩固已有的理论基础，而且要学会将理论应用于实践，培养理论联系实际的能力。

与传统的理论讲授相比，案例教学法更加生动形象，能够激发学生的学习兴趣。一个鲜活的案例犹如一个微缩的现实世界，学生在探究案例的过程中，仿佛置身于真实的问题情境之中。这种沉浸式的学习体验能够调动学生的多种感官，促进知识的内化和吸收。同时，案例分析也为学生提供了展示自我、相互启发的平台。通过小组讨论、角色扮演等互动形式，学生能够充分表达自己

的观点，聆听不同的声音，在交流碰撞中加深对理论的理解。

案例教学法还有助于培养学生的批判性思维和创新意识。一个好的案例往往没有标准答案，需要学生从多角度、多层次进行分析。在这一过程中，学生要学会质疑问难，突破思维定式，提出自己的见解。这种开放性的探究有利于培养学生敢于创新、勇于尝试的品质。通过案例分析，学生不仅能够掌握理论知识，而且能够锻炼逻辑思辨能力，提升问题解决能力，为未来的学习和发展奠定基础。

案例教学法的有效实施离不开教师的精心设计和引导。教师需要根据教学目标和学生特点，选取具有典型性、针对性的案例，设计合理的问题情境。在教学过程中，教师要注重启发诱导，鼓励学生自主探究，适时给予点拨和总结。只有在教师与学生的密切配合下，案例教学法才能真正发挥出理论与实践相结合的优势，从而提高教学质量和效果。

## (二) 项目驱动法

项目驱动法是一种以真实项目为载体，以培养学生实践能力为目标的教学模式。在这一模式下，教师精心设计具有挑战性的项目任务，引导学生在完成项目的过程中主动探索、积极实践，从而将理论知识转化为实际应用能力。这种教学方法不仅能够提高学生分析问题、解决问题的能力，更能够激发其创新意识和探究热情。

在项目驱动教学中，学生是学习的主体，教师则扮演组织者、引导者和协助者的角色。教师需要根据教学目标和学生特点，设计出难度适中、内容丰富的项目任务。这些任务应与专业知识紧密相关，同时又体现出一定的综合性和实际应用价值。学生在完成任务的过程中，需要运用所学知识，通过小组协作、自主探究等方式，解决项目实施中遇到的各种问题。在这一过程中，学生不仅能够加深对理论知识的理解，还能够锻炼团队协作、沟通表达等关键能力。

项目驱动教学的核心在于实践。通过参与真实项目，学生能够直观地感受理论知识在实际工作中的应用，理解专业技能的重要性。同时，项目实践能够帮助学生建立起完整的知识体系，加强不同学科、不同领域知识之间的融合。在解决实际问题的过程中，学生往往需要综合运用多学科知识，这有利于培养其系统思考、知识迁移等高阶思维能力。项目实践还能够为学生提供锻炼动手操作能力的机会，使其掌握专业领域常用的工具、设备和技术方法。

项目驱动教学有利于培养学生的创新意识和创业精神。在完成开放性的项目任务时，学生需要打破常规思维，提出新颖的解决方案。这一过程不仅能够激发学生的创造力，还能够培养其敢于尝试、勇于探索的品格。高校还可以与企业、社区等实际部门合作一些项目，让学生体验真实的工作环境，接触行业前沿动态。这些经历能够帮助学生树立职业意识，为未来走向工作岗位奠定基础。

项目驱动教学要取得良好的效果，关键在于教师的组织引导和学生的主动参与。教师需要精心设计项目内容，合理安排项目进度，为学生提供必要的指导和支持。同时，教师要营造民主、平等的宽松氛围，鼓励学生大胆质疑、积极思考；学生则需要端正学习态度，主动投入到项目实践中，与团队成员密切配合，发挥各自优势。

## （三）反思实践法

反思实践法作为一种创新的教学方法，对于引导学生深入理解和内化知识、提升实践能力具有重要意义。在反思实践教学中，教师不仅要注重对学生操作技能的培养，更要引导学生在实践过程中主动思考，反思自己的行为和决策，探索理论知识在实际应用中的意义和价值。这一过程不仅有助于加深学生对理论知识的理解，更能培养其独立思考、批判性思维等高阶思维能力。

在实施反思实践教学时，教师应精心设计教学情境，为学生提供亲身实践、感悟知识的机会。例如，在工程类专业的教学中，教师可以引导学生参与真实的工程项目，让他们在实践中感受工程设计、施工管理等环节的复杂性和挑战性。在此基础上，教师还应鼓励学生反思自己在项目中的表现，分析存在的问题和探究可以改进的空间，探索理论知识在实践中的应用。通过这种反复的"实践—反思—再实践"的过程，学生能够将抽象的理论知识与具体的实践经验相结合，构建起完整、系统的知识体系。

反思实践教学有助于培养学生的责任意识和创新精神。在反思自己的实践行为时，学生不仅要评估行为的结果，更要思考背后的动机和价值取向。这一过程能够促使学生形成对专业、对社会的责任感，激励其以更加审慎、负责的态度对待自己的实践行为。同时，在反思中发现问题、探索解决方案的过程，也能够激发学生的创新意识，鼓励其打破固有思维模式，勇于尝试新的思路和方法。

反思实践教学对教师的素质和能力提出了更高的要求。教师不仅要具备扎实的理论功底和丰富的实践经验，还要善于引导学生反思，帮助其梳理实践过程中的心路历程。这就要求教师在备课时深入钻研教材，系统梳理理论知识与实践案例之间的联系；在教学过程中，教师还应针对学生的反思给予及时的点评和指导，引导学生透过表象看本质，总结实践的一般规律。

# 第四节　跨学科整合

## 一、跨学科整合的必要性分析

### （一）理顺知识体系

跨学科整合是理顺知识体系、构建多元复合型人才培养框架的重要路径。当前，高校人才培养面临着新的挑战和要求，单一学科的知识体系已经无法满足社会对创新型、复合型人才的需求。跨学科整合通过打破学科壁垒，整合不同学科的理论、方法和资源，为学生提供更加全面、系统的知识结构，培养其具备多学科背景下的思维能力和问题解决能力。

从知识层面来看，跨学科整合有助于学生构建系统完整的知识体系。不同学科之间存在着内在的逻辑联系，只有将这些知识点有机结合，才能形成科学的认知框架。跨学科整合引导学生主动探索不同学科知识之间的关联，理解事物的多样性和复杂性，从而建立起更加立体、深刻的认知结构。同时，跨学科视角下的知识学习更加贴近现实世界，学生能够更好地理解所学知识在实际问题中的应用，从而提升知识的应用能力和实践能力。

从能力层面来看，跨学科整合是培养学生创新能力和批判性思维的重要途径。创新往往源于不同领域知识的交叉融合，跨学科背景为学生提供了更广阔的思考空间和更多元的视角。通过整合不同学科的理论和方法，学生能够突破单一学科的局限，以更加开放、包容的态度看待问题，提出创新性的解决方案。

同时，在跨学科学习过程中，学生需要不断反思、质疑已有知识，运用批判性思维分析、评估不同学科的观点，从而提升其独立思考和判断的能力。

从素质层面来看，跨学科整合有利于培养学生的综合素质和适应能力。在当今复杂多变的社会环境中，仅仅掌握单一学科的知识和技能已经远远不够，学生还需要具备广博的知识基础、开阔的国际视野、敏锐的洞察力和出色的沟通协作能力。跨学科学习为学生提供了接触不同领域、不同文化的机会，帮助其形成多元的价值观念和包容的思维方式。在与不同学科背景的师生交流中，学生能够增强表达能力和团队意识，提升人际交往的智慧和艺术。

跨学科整合还有助于推动高等教育教学范式的变革。传统的学科分割教学模式难以适应新时代发展的需要，跨学科整合为教学改革提供了新的路径和可能。它要求教师突破学科局限，主动与其他学科的教师开展交流合作，探索跨学科课程的设计与实施。这不仅能够丰富教学内容，创新教学方法，而且能够促进教师自身的专业发展和综合素质的提升。同时，跨学科教学为学生提供了更加自主、开放的学习环境，能够激发其学习兴趣和探究动力。

## （二）应对社会挑战

当前社会正处于快速变革和发展的关键时期，各行各业对创新型人才的需求日益迫切。高校作为培养高层次人才的主阵地，必须顺应时代发展潮流，主动作为，深化改革，全面提升人才培养质量。而跨学科整合无疑是破解人才培养难题、应对社会变革挑战的重要路径。

传统的学科划分虽然有利于知识的系统传授和学术研究的深入开展，但也容易导致学科壁垒、知识割裂等问题。当代社会发展所面临的诸多挑战，如全球气候变化、能源危机、重大疾病等，都是复杂的系统性问题，单一学科的知识和方法无法完全应对。只有打破学科藩篱，促进不同学科的交叉融合，才能培养出具有宽广视野、综合素质和创新能力的复合型人才。

跨学科整合不仅有利于学生知识结构的完善和能力素质的提升，更有助于培养学生的批判性思维和创新性思维。在跨学科学习过程中，学生需要整合不同学科的理论和方法，分析问题的多个侧面，提出创造性的解决方案。这一过程不仅能够拓宽学生的认知视野，锻炼其逻辑思辨能力，更能激发其探索未知、挑战自我的热情，培养其家国情怀和社会责任感。而这正是适应当代社会发展、引领未来变革的创新型人才所必备的品质。

高校在推进跨学科整合时,需要从人才培养目标、课程体系设置、师资队伍建设等方面系统谋划。首先,要根据经济社会发展需求和学校办学定位,科学制定人才培养目标,突出复合型、创新型人才的培养导向。其次,要优化课程体系设置,打破学科壁垒,增设跨学科课程模块,为学生提供多样化的学习路径。与此同时,要加强跨学科教学团队建设,鼓励不同学科背景的教师开展协同教学,共同探讨教学改革新路径。

### (三)促进学科发展

跨学科整合不仅是新时代高校思想政治教育改革发展的客观需求,更是推动学科交叉融合、促进知识创新的重要路径。在"大思政"理念指引下,打破学科壁垒,推进跨学科合作,对于优化思政课程体系、创新教学内容和方式、提升育人实效具有重要意义。

从知识层面来看,跨学科整合有助于拓宽思政教育的视野,丰富教学内容。思想政治教育内容涉及哲学、政治学、法学、社会学、历史学等多个学科领域,单一学科的知识体系已经难以满足新时代大学生成长成才的需要。通过跨学科整合,可以充分挖掘不同学科的思政教育元素,形成多维度、立体化的知识网络,使思政课程内容更加全面、系统,富有时代性和吸引力。同时,跨学科视角下的知识融通能够引导学生打破思维定式,培养其批判性思维和创新性思维,提升分析问题和解决问题的综合能力。

从教学方法层面来看,跨学科整合为思政课课堂教学改革创新提供了广阔空间。不同学科的教学方式和手段各具特色,如何有机融合、扬长避短,是推进跨学科教学的关键所在。通过跨学科整合,思政课教师可以借鉴和吸收其他学科的教学经验和智慧,探索案例教学、项目教学、体验式教学等多样化的教学模式,提高课堂教学的针对性和实效性。此外,跨学科平台还能够促进思政课教师与其他学科教师开展深度交流与合作,优势互补、资源共享,形成教学合力,为思政课程教学改革注入新的活力。

从实践育人层面来看,跨学科整合是深化思政课实践教学的必由之路。思想政治教育要守正创新,必须走出课堂、走进社会,将理论学习与社会实践紧密结合。跨学科整合为思政课实践育人活动创设了更为广阔的平台和空间。通过整合校内外资源，依托不同学科的实践教学基地，开展内容丰富、形式多样的实践活动，能够引导学生在亲身参与中加深对所学知识的理解和认识，增强运用知识服务社会的意识和能力。与此同时，跨学科实践育人还能够帮助学生拓宽社会视野，培养家国情怀，坚定理想信念，推动知行合一、学以致用。

从育人合力层面来看，跨学科整合有利于凝聚思想政治教育的强大合力。"大思政"理念强调全员全过程全方位育人，需要调动各方力量、汇聚各类资源。而跨学科整合恰恰为各学科协同育人提供了有力抓手。通过搭建跨学科合作平台，建立健全跨学科教学团队，加强思政课教师与辅导员、专业课教师、心理咨询教师等的沟通联动，形成全员参与、协同推进的工作机制，汇聚起思想政治教育的强大合力。同时，跨学科整合下的"大思政"格局，为思政课程建设注入了源源不断的创新动力，推动形成课程思政与思政课程同向同行、相互促进的良性局面。

跨学科整合是破解思想政治教育面临挑战的"金钥匙"。综观当前思政教育的改革发展，仍存在着一些亟待解决的问题，如教学内容不够丰富、教学方式较为单一、实践育人效果有待提升等。跨学科整合正是破解这些难题的有效路径。通过学科交叉融合，优化教学内容体系，创新教学模式方法，深化实践育人机制，必将进一步增强思政课程的吸引力和感染力，不断提升高校思想政治教育的针对性和实效性。

## 二、跨学科整合的原则与路径

### (一) 平等合作原则

跨学科整合的实施必须坚持平等合作、互补共赢的基本原则。不同学科之间存在着知识体系、研究方法、价值取向等方面的差异，如果不能在平等互利的基础上开展合作，就难以实现真正意义上的融合。一方面，参与整合的各学科应摒弃学科偏见和优越感，尊重彼此的学术传统和特色，在相互了解和认同的前提下寻求合作的契合点。任何一门学科都不应把自己的理论和方法强加于人，而应以开放、包容的心态看待其他学科的贡献。另一方面，跨学科整合要遵循互利共赢的原则，使各参与学科都能从中受益。合作过程中，不同学科的教师要充分发挥自身优势，在教学内容设计、教学方法创新、学术研究等方面为整合项目贡献智慧和力量，共同推动人才培养质量的提升。

高校思想政治教育与其他学科的跨学科整合，既要发挥思政课程的政治方向和价值引领作用，又要重视其他学科的知识内容和育人功能，在协同互动中实现思想性和学理性的有机统一。思政课教师要主动学习其他学科的前沿理论和研究方法，拓宽知识视野，深化对社会现实问题的认识，增强课程内容的说服力和针对性。其他学科教师则要挖掘所授课程中蕴含的思想政治教育元素，将社会主义核心价值观融入学科教学全过程，在潜移默化中引导学生形成正确的世界观、人生观、价值观。双方教师要加强交流，整合各自的教学资源和育人经验，形成优势互补、协同创新的工作格局。

平等合作、互补共赢不仅是跨学科整合的原则，也是推动整合不断深化的动力源泉。随着合作的开展，不同学科教师之间的了解和信任会逐步加深，整合的广度和深度也会不断拓展。在此过程中，只有始终坚持平等互利、合作共赢的理念，才能让参与各方持续受益，调动其参与整合的积极性和创造性，推动思想政治教育与其他学科实现更高层次、更宽领域的融合，促进学生全面发展。

### （二）顶层设计与底层实施结合

顶层设计与底层实施的结合策略是实现跨学科整合的重要路径。顶层设计为跨学科整合提供总体框架和制度保障，明确整合的目标、原则和方向。它需要从战略高度统筹规划，协调各方资源，为跨学科整合创造良好的政策环境和组织条件。具体而言，顶层设计应当明确跨学科整合在人才培养、科学研究、社会服务等方面的战略定位，制定促进跨学科交叉融合的规划和政策，建立健全相应的组织机构和管理体系，为整合工作提供必要的人力、物力、财力支持。

跨学科整合的成败更取决于底层实施的具体举措和实际效果。底层实施是顶层设计的落脚点，需要在教学、科研、管理等各个层面采取切实可行的措施，推动跨学科整合的深入开展。在教学层面，可以开设跨学科课程，组建跨学科教学团队，创新教学内容和方法，培养学生的跨学科思维和素质。在科研层面，可以设立跨学科研究项目，搭建跨学科研究平台，促进不同学科背景的科研人员开展合作，攻克重大科学问题。在管理层面，可以建立健全相应的运行机制和评价体系，调动各方积极性，激励跨学科整合深入推进。

## 三、思政课程与其他学科的融合点挖掘

### （一）识别交叉知识节点

在"大思政"视域下，思政课程与其他学科的交叉融合已成为高校思想政治教育改革的必然趋势。这一过程的关键在于准确定位两类课程的融合点，发掘彼此在知识体系、育人目标等方面的内在联系。只有立足学科特点，遵循育人规律，才能实现思政课程与其他学科的有机融合，最大限度地发挥协同育人的整体功能。

从知识体系的角度来看，思政课程与其他学科存在着广泛而深刻的联系。思政课程的核心内容，为学生认识自然、社会、人生提供了科学的世界观和方法论指导。这些知识不仅能够帮助学生更好地理解所学专业知识，还能够引导其用辩证、发展的眼光分析问题，树立崇高的理想信念。而自然科学学科蕴含的唯物主义思想和辩证法思维方式，又能为学生学习和领会思政课程知识提供生动案例和思维训练。人文社会科学学科所揭示的社会发展规律、人文精神底蕴，更是思政课程进行价值引领、塑造道德品格的重要资源。可以说，思政课程与其他学科在知识内容上相互交融、相得益彰。

从育人目标的维度来看，思政课程与其他学科同根同源、殊途同归。做好高校思想政治教育工作，必须落实立德树人根本任务，培养德智体美劳全面发展的社会主义建设者和接班人。作为落实这一根本任务的主阵地、主渠道，思政课程肩负着对学生进行系统的理论武装和价值引领的重任。但是，只靠思政课程的力量是远远不够的，还需要其他学科的配合与支持。通过挖掘所学专业知识中蕴含的思政元素，将社会主义核心价值观、爱国主义精神、法治意识等有机融入课堂教学，其他学科同样能够在培养学生正确世界观、人生观、价值观方面发挥重要作用。可见，思政课程与其他学科在育人目标上是同向同行、互补共济的。

### （二）案例教学与项目教学应用

案例教学与项目教学是实现跨学科整合、促进思政课程与其他学科融合的

有效路径。案例教学以真实事例为载体，通过情景再现、角色扮演等方式，将思政元素巧妙融入专业知识的学习中。学生在分析、讨论案例的过程中，不仅能加深对专业知识的理解，更能提升政治素养和道德品质。

相比之下，项目教学则强调学生的主体地位，鼓励其进行探究式学习。教师精心设计跨学科项目，要求学生运用所学知识解决实际问题。在项目实施过程中，学生需要与不同专业背景的队友协作，整合多学科知识，提出解决方案。这一过程不仅能锻炼学生的创新能力和实践能力，更能培养其家国情怀和社会责任感。以环境工程专业为例，教师可以设计一个关于水污染治理的跨学科项目，要求学生综合运用化学、生物、工程等学科知识，提出切实可行的治理方案。在方案制定过程中，教师还可以引入生态文明、绿色发展等思政元素，引导学生反思人与自然的关系，树立可持续发展理念。

案例教学和项目教学的成功实施，离不开教师的精心设计和引导。教师需要深入挖掘各学科的思政元素，设计富有吸引力和挑战性的教学内容，激发学生的学习兴趣和探究欲望。同时，教师应创设民主、平等的教学氛围，鼓励学生畅所欲言，勇于质疑，培养其批判性思维能力。在教学过程中，教师既是知识的传授者，更是价值观的引领者，因此必须坚定政治立场，提高思想觉悟，做学生成长的引路人。

### （三）融合教学成效评估

融合教学成效评估是"大思政"视域下高校跨学科整合的关键环节。它不仅能客观反映融合教学的实施质量，更能为教学改革提供科学依据。然而，由于思政课程与其他学科的融合具有复杂性和系统性，其教学成效评估面临着诸多挑战。因此，探索科学、有效的评估路径，对于深化"大思政"建设、提升融合育人质量具有重要意义。

量化分析是评估融合教学成效的重要手段。通过设计合理的量化指标体系，可以全面、系统地考查学生在知识、能力、情感等方面的发展变化。例如，可以通过问卷调查、测验等形式，了解学生对融合课程的满意度、接受度，以及思政元素的内化程度。同时，可以采用大数据分析技术，挖掘学生在学习过程中的行为特征和规律，为优化教学设计提供参考。量化分析虽然具有客观性和可比性的优势，但也存在一定局限。它难以全面反映学生思想品德、价值观念等内在品质的提升，因此需要与定性分析相结合。

定性分析是评估融合教学成效的必要补充。它主要通过观察、访谈、案例分析等方式，深入了解学生在融合课程中的体验和收获。例如，教师可以组织学生开展主题讨论或辩论，考查其分析问题、表达观点的能力；也可以对学生的课程论文、调研报告等进行评析，了解其对知识的综合运用和创新实践能力。定性分析虽然具有主观性和局限性，但能够提供更加丰富、立体的评估视角，通过与量化分析有机结合，可以形成全面、客观的评估结果。

## 四、跨学科教学团队的建设与管理

### （一）跨学科背景教师整合

在"大思政"视域下，高校思想政治教育课程体系构建需要打破学科界限，整合多学科资源，建设跨学科教学团队。组建跨学科背景教学团队是实现这一目标的关键举措。教学团队的优化整合不仅有利于拓宽教师的学术视野，丰富其知识储备，更能够激发教师的创新思维，优化课程内容设计。

构建高水平的跨学科教学团队需要遵循科学原则，采取多元策略。首先，应立足学校实际，结合思政课程建设需求，制订合理的人才引进和培养计划。通过面向全球招聘、柔性引进等方式吸纳不同学科背景的优秀人才，打造一支专兼结合、结构合理的师资队伍。其次，要建立健全教师培训体系，定期开展跨学科交流研讨活动，鼓励教师积极参与学术会议和合作项目，拓宽其知识面和研究视角。最后，要完善教师评价和激励机制，突出思政课教师的政治素质和育人能力要求，将跨学科教学实践纳入考核指标，调动教师参与跨学科合作的积极性。

优化整合跨学科教学团队既要发挥学校的统筹作用，也要发挥教师的主体能动性。一方面，学校应加强顶层设计，成立跨学科教学指导委员会，统筹规划团队建设，为教师搭建交流合作平台。另一方面，教师要主动适应跨学科教学要求，加强自主学习，提升跨学科研究能力。同时，教师间要加强沟通协调，建立密切的合作关系，在教学实践中形成优势互补、协同创新的良好局面。

## （二）中心化与分散化管理平衡

跨学科教学团队的有效管理是教学质量持续提升的关键。团队管理需要在中心化与分散化之间寻求平衡，这既能保证团队的凝聚力和向心力，又能激发成员的主动性和创造性。在中心化管理方面，应建立健全团队组织架构，明确各岗位职责和权限。跨学科背景的教师往往来自不同院系，具有不同的学术背景和教学风格，因此需要通过制度化的管理方式，形成统一的教学理念和质量标准。同时，应设立团队负责人，负责统筹协调各项工作，确保团队目标的实现。定期召开团队会议，及时沟通信息，研究解决教学中遇到的问题，也是加强团队凝聚力的重要途径。

过度集中的管理模式可能会抑制教师的积极性和创新意识。为此，在团队管理中还应注重分散化的理念。首先，要尊重教师的学术自主权，鼓励其根据自身专长和教学特点开展教学活动。跨学科教学对教师的知识储备和教学能力提出了更高要求，只有充分调动教师的主观能动性，才能不断优化课程内容，改进教学方法。其次，要为教师搭建交流合作的平台，促进不同学科背景教师之间的互动与启发。通过开展教学研讨、集体备课等活动，教师可以分享彼此的教学经验，探讨学科交叉融合的途径，提升团队整体的教学水平。最后，要建立科学的绩效评价机制，突出教师个人在教学中的贡献度。根据教师在教学设计、课堂实施、教学研究等方面的表现，给予相应的物质和精神奖励，以激发其工作热情和责任心。

# 第三章 "大思政"视域下高校思想政治教育的实践育人体系

## 第一节 实践育人的内涵

### 一、实践育人的定义与目标

#### (一)实践育人的定义

实践育人是一种立足学生主体性发展、注重理论与实践相结合的教育理念。它强调在实践活动中促进学生知识、情感、态度等全面发展,实现认识与行为的高度统一。在这一理念指导下,教育不再局限于课堂和书本,而是走向生活、走向社会,让学生在亲身参与中感悟真理,领略知识的魅力。

从知识的角度来看,实践育人有助于学生深化对理论知识的理解和运用。通过参与社会实践、专业实习、志愿服务等活动,学生能够将书本上的抽象概念与生动的现实联系起来,在具体情境中领会知识的实际意义。这种理论与实际结合的过程,不仅能够帮助学生构建起完整的知识体系,而且能够激发其探究未知、创新图强的内在动力。

从价值的角度来看,实践育人对学生形成正确的世界观、人生观和价值观具有重要意义。实践活动往往蕴含着丰富的社会价值和道德内涵,学生在参与过程中能够直观地感受和思考个人与集体、人与自然、人与社会的关系,逐步确立起崇高的理想信念和社会担当。这种情感体验和价值认同,将为学生的成长发展奠定坚实的精神基础。

在新时代背景下,高校思想政治教育要着力构建实践育人新格局,整合校内外资源,搭建多层次、立体化的实践育人平台。一方面,要创新实践教学模式,将实践活动与理论教学有机结合,在专业实习、社会调查、志愿服务等环节体现思想引领。另一方面,要健全实践管理体系,加强对实践过程的指导和反馈，引导学生在实践中升华认识、砥砺品格、奉献社会。

### （二）实践育人的目标

实践育人的目标在于培养学生的综合素质与创新能力，实现人的全面与自主发展。这一目标体现了高校思想政治教育工作的时代性和针对性，契合了新时代人才培养的要求。

从综合素质的角度来看，实践育人突破了传统思想政治教育过于注重理论灌输的局限，着眼于学生品德、智力、体魄、审美等各方面素质的协调发展。通过参与社会实践、志愿服务、创新创业等活动，学生能够在实践中加深对理论知识的理解，提高分析问题、解决问题的能力，提升组织协调、语言表达等多方面技能。在与他人合作、与社会互动的过程中，学生的责任意识、团队精神、奉献意识将得到培育和强化。实践育人以生动鲜活的体验方式，更好地拓宽学生的视野，丰富学生的阅历，为其综合素质的提升提供广阔的空间。

从创新能力的角度来看，实践育人为学生的创新潜能提供了施展舞台。在校园文化活动、学科竞赛、科技创新等实践中，学生需要根据具体情境提出新颖的思路和方案，突破常规思维定式，发挥想象力和创造力。这一过程不仅能激发学生的创新意识，培养其敢于创新、勇于探索的品质，更能提升其捕捉问题、分析问题、解决问题的创新思维能力。实践育人通过真问题情境的设置，引导学生在知识学习与生活实践的碰撞交融中孕育创新的火花，为其创新能力的生成发展提供肥沃土壤。

## 二、实践育人的重要性与必要性

### （一）培养实际操作能力

实践育人是高校思想政治教育的重要环节，对于强化学生运用知识解决问题的能力具有重要意义。当前，我国高等教育正处于内涵式发展阶段，培养学生的实践创新能力已成为高校人才培养的核心目标之一。作为思想政治教育的重要载体，实践育人在引导学生将理论知识内化为行为品质、提升学生综合素质方面发挥着不可替代的作用。

具体而言,实践育人通过设计丰富多样的实践活动,为学生提供亲身参与、动手实践的机会。在实践过程中,学生需要运用所学知识分析问题、解决问题,这不仅有助于学生加深对理论知识的理解和掌握,更能培养学生发现问题、分析问题、解决问题的能力。例如,通过组织学生参与社会调查、志愿服务等实践活动,提升学生收集资料、开展研究的能力;通过开展创新创业实践,提高学生的创新意识和创业能力;通过开展体验式、沉浸式的情境教学,增强学生的情感认同和价值观塑造。这些实践活动不仅拓宽了思想政治教育的时空维度,更为知识的内化和能力的培养搭建了广阔舞台。

实践育人有利于推动思想政治教育方式方法的创新。传统的思想政治教育往往以灌输式、说教式为主,忽视了学生的主体性和参与性。而实践育人强调以学生为中心,通过设计贴近学生生活、富于时代特色的实践项目,激发学生参与实践的热情,调动其主动性和创造性。在实践中,教师更多地扮演引导者、协调者的角色,通过与学生平等互动、共同参与,拉近与学生的距离,增进师生之间的理解和信任。这种教学相长、互促共进的育人方式,既符合学生成长成才的规律,又有利于推动思想政治教育质量的整体提升。

实践育人还是促进知行合一、提升思想政治教育实效性的必由之路。思想政治教育理论的一个鲜明特征是实践性,只有在实践中才能真正检验理论的正确性,也只有在实践中才能深化对理论的认识。通过实践育人,引导学生将所学知识运用于社会生活、投入伟大实践中,一方面可以帮助学生坚定理想信念,坚定"四个自信";另一方面能引导学生树立正确的世界观、人生观、价值观,自觉将个人理想融入国家富强、民族复兴的宏伟事业之中。

## (二)增强学生适应社会的能力

通过实践教学活动,学生能够深入了解社会运行的基本规律,感受个人发展与社会进步的内在联系。在实践中,学生走出校园,走向社会,亲身体验不同行业、不同岗位的工作内容和要求,接触社会各界人士,切身感受社会的多样性和复杂性。这一过程不仅能够帮助学生拓宽视野、增长见识,更重要的是能够加深他们对社会现实的认识和理解。通过观察社会现象、分析社会问题,学生能够更加全面、深入地把握社会发展的客观规律,认识到个人的成长和发展离不开社会的进步。

同时，实践教学活动能够帮助学生树立正确的世界观、人生观和价值观。在与社会各界人士的交流互动中，学生能够感受不同行业、不同岗位工作者的职业精神和社会责任感。他们的敬业态度、无私奉献精神必将给学生留下深刻印象，他们将成为学生成长道路上的榜样和标杆。学生也将从中体会到个人价值的实现离不开对社会的贡献，个人发展与家国命运休戚与共。这些宝贵的情感体验将引导学生树立正确的世界观、人生观和价值观，成为有理想、有本领、有担当的时代新人。

实践教学活动还是培养学生社会适应能力的重要途径。通过参与社会实践，学生能够真切地感受到课本知识与社会实际的差异，认识到理论与实践相结合的重要性。在实践中，学生需要运用所学知识分析和解决实际问题，这既能巩固和深化课堂所学，又能提升学生的动手操作能力和创新能力。与此同时，在与他人合作、沟通的过程中，学生的组织协调能力、语言表达能力也能得到锻炼和提升。这些关键能力的养成，将为学生未来步入社会、适应社会打下坚实基础。

### （三）促进全面教育理念的实施

实践育人是高校思想政治教育的重要途径，对于落实立德树人根本任务、培养德智体美劳全面发展的社会主义建设者和接班人具有重要意义。在"大思政"视域下，实践育人不仅要注重学生专业知识和技能的培养，更要着眼于学生综合素质的提升，为其成长成才提供完整的知识体系和能力支撑。

从知识层面来看，实践育人有助于学生将理论知识与现实生活相结合，加深对所学知识的理解和运用。通过参与社会实践、志愿服务、科学研究等活动，学生能够亲身体验知识在实际场景中的应用，领悟书本知识背后的深层内涵。同时，在实践中获得的新知识、新技能能反哺理论学习，使学生形成更加系统完整的知识架构。这种理论与实践的良性互动，不仅能够巩固学生的专业基础，更能开阔其知识视野，为未来学习和发展奠定坚实基础。

从能力层面来看，实践育人是锻炼学生实践能力、创新能力的重要平台。在实践活动中，学生需要运用所学知识分析问题、解决问题，这对其逻辑思维、决策判断、沟通协调等关键能力的培养大有裨益。特别是在开放性、综合性的实践项目中，学生往往需要跨学科、跨领域思考问题，这更有利于其创新意识和创新能力的提升。可以说,实践育人为学生搭建起从知识到能力的桥梁,使其能够在运用知识解决实际问题的过程中实现能力的提升和拓展。

从素质层面来看,实践育人对于塑造学生高尚品格、培育家国情怀具有独特优势。在服务社会、奉献他人的实践中,学生能够切身感受到个人与集体、个人与国家的紧密联系,认识到社会主义核心价值观的真谛。无论是在环保公益还是在科技攻关的实践中,学生都能感受到自己肩负的时代责任和使命担当。这些宝贵的情感体验将内化为学生的精神追求、外化为自觉行动,引领其成长为有理想、有本领、有担当的时代新人。

## 三、实践育人与理论教学的关系

### (一)理论教学的基础作用

理论教学是实践育人的基石。它为学生参与实践活动提供必要的知识准备和理论指导,奠定扎实的学科基础。没有系统完整的理论学习,学生在实践中就可能出现盲目性和随意性,难以达到预期的教育效果。因此,高校思想政治教育工作必须高度重视理论教学的基础作用,不断深化理论教学改革,提升理论教学质量。

理论教学对实践育人的支撑主要体现在以下四个方面。

第一,理论教学有助于学生树立正确的世界观、人生观、价值观。通过系统学习思想政治教育基本原理,掌握辩证唯物主义和历史唯物主义的科学方法论,学生能够从整体上把握人类社会发展的基本规律,领会社会主义核心价值观的深刻内涵,坚定理想信念,明确人生方向。这方面是开展实践育人的思想基础。

第二,理论教学有利于提升学生运用知识分析问题、解决问题的能力。学生在学习理论知识的过程中,不仅要理解和记忆概念、原理,更要学会运用所学知识分析现实问题。这就要求教师在理论教学中注重引导学生关注社会生活,把书本知识与现实情境相结合,培养学生理论联系实际的能力,为实践育人做好知识上的准备。

第三,理论教学为实践育人提供方法指导。思想政治教育理论课程蕴含着丰富的科学的立场、观点和方法，这些都是指导实践的"金钥匙"。教师在理论教学中要注重对这些思想方法的挖掘和阐释，引导学生提升运用理论武装头脑、指导实践、推动工作的能力，使实践活动更加科学化、规范化。

第四，理论教学是引导学生正确认识实践、积极参与实践的重要途径。一方面，教师要帮助学生辨析社会实践的内涵，理解实践育人的重要意义，增强其参与实践的自觉性；另一方面，教师要引导学生树立求真务实的科学态度，培养严谨细致的工作作风，教育学生做到知行合一，在实践中磨砺意志品质、提升综合素养。

## （二）实践育人的补充作用

实践育人对于深化理论教学、提升育人质量具有重要意义。实践活动不仅能够验证理论知识的正确性和实用性，更能激发学生的学习兴趣，培养其实践能力和创新精神。通过设计科学、合理的实践项目，教师能够引导学生将课堂所学知识运用到实际问题的分析和解决中，加深对理论的理解和掌握。同时，在实践过程中，学生需要运用批判性思维、逻辑推理等高阶思维，分析问题、提出假设、设计方案、检验结果，这一系列环节有助于提升其认知水平和思维品质。

实践育人还能够拓宽学生的知识视野，丰富其社会阅历。通过参与社会调查、志愿服务、创新创业等实践活动，学生走出校园、走进社会，亲身体验不同群体的生活状态和思想观念，了解社会发展的现实需求。这种沉浸式的体验不仅能够帮助学生厘清书本知识与实际运用的边界，更能激发其社会责任感和使命担当，促进知行合一、学以致用。

实践活动是培养学生综合素质、塑造健全人格的重要途径。在实践中，学生需要与他人合作，学会换位思考、有效沟通，培养团队意识和协作精神。面对复杂多变的实践环境，学生还要学会灵活应对、敢于担当，锻炼领导力和执行力。这些能力的养成，既是学生个人成长的需要，也是社会发展对人才的必然要求。

实践育人的有效开展，离不开科学的顶层设计和精心的组织实施。一方面，学校要将实践育人纳入人才培养的总体规划，科学制定实践教学大纲，合理设置实践学分比例，为实践活动提供制度保障。另一方面，教师要充分发挥引导者和组织者的作用，围绕育人目标精心设计实践项目，做好过程指导和效果评估，确保实践活动与理论教学相互促进、良性互动。

# 第二节　"大思政"理念下高校思想政治教育实践育人的模式与途径

## 一、实践育人的多元化模式探索

### （一）理论与实践相融合的模式

理论与实践相融合是高校思想政治教育的必然要求。在"大思政"视域下，高校思想政治教育更加注重实践育人，强调将理论教学与社会实践紧密结合，引导学生在实践中深化对理论知识的理解，提升运用科学的立场、观点和方法分析和解决实际问题的能力。

高校思想政治教育理论课是进行系统理论教学的主阵地。课堂教学通过讲授思想政治教育基本原理，帮助学生树立正确的世界观、人生观、价值观，这是实践育人的理论基础。然而，仅仅依靠课堂教学还远远不够，要让学生真正领会并内化这些理论，必须走出课堂、走进社会，在广阔的实践中接受锻炼和洗礼。

实践教学是深化理论认识的关键一环。通过组织学生参加社会实践、志愿服务、勤工助学等活动，高校思政课教师能够引导学生在实践中感悟和领会真理的力量，增强对党的基本理论、基本路线、基本方略的政治认同、思想认同、情感认同。在教学实践中，教师要注重创新实践育人模式，充分利用校内外资源，精心设计实践项目，提高学生参与活动的积极性和获得感。同时，教师要加强对学生实践过程的指导，引导其在实践体验中升华认识、在反思总结中提炼智慧，不断增强运用理论指导实践的意识和能力。

### （二）社会参与模式

社会参与模式是"大思政"理念下高校思想政治教育实践育人的重要途径

之一。这一模式旨在通过引导学生积极投身社会服务和实践活动,培养其社会责任感和奉献精神,促进学生德智体美劳全面发展。

在社会参与模式中,高校应充分利用社会资源,搭建学生参与社会实践的平台。教师可以引导学生走出校园,深入社区、农村、企业等开展志愿服务、社会调研、生产劳动等活动。在这一过程中,学生不仅能够将所学知识运用于实践,检验和巩固理论学习成果,更能通过亲身体验社会生活,深入了解国情民情,培养爱国主义情怀和奉献精神。

社会参与模式还能够促进学生综合素质的提升。在参与社会服务和实践活动的过程中,学生需要与不同背景、不同群体的人进行沟通交流,这有助于提高其人际交往能力和团队协作意识。此外,面对实践中遇到的困难和挑战,通过社会参与模式,学生还能锻炼解决问题的能力,增强责任担当意识。这些宝贵的实践经历将成为学生成长发展的重要财富。

高校在推进社会参与模式的过程中,应注重实践活动的设计和组织。一方面,要充分考虑学生的专业特点和兴趣爱好,设计契合学生需求、富有吸引力的实践项目。另一方面,要加强对实践活动全过程的指导和管理,确保活动规范有序、安全高效。教师应深度参与实践活动,既给予学生必要的引导和帮助,又为其提供自主探索、创新实践的空间。

高校还应重视社会实践成果的转化和应用。鼓励学生在实践活动中发现问题、提出对策,形成高质量的调研报告、策划方案等成果。高校可以搭建成果展示平台,组织学生交流分享实践心得,推动优秀成果的转化应用。这不仅能够提高学生的成就感和获得感,更能展示高校服务社会、服务地方经济社会发展的良好形象。

## 二、校内实践活动的设计与组织

### (一) 组织结构与实践活动规划

组织结构是保障实践育人活动有序进行的基础,而精心设计的活动规划是确保育人实效的关键。只有建立层次分明、职责明确的组织体系,制定出目标明确、内容丰富的活动方案,才能使实践育人工作与高校思想政治教育目标实现有机统一，达到润物无声、春风化雨的育人效果。

高校党委应加强顶层设计，将实践育人纳入思想政治教育工作整体布局，提供政策支持和资源保障。各职能部门要强化协同配合，发挥各自优势，形成工作合力。院系则要充分发挥育人主体作用，将实践育人任务细化、落实到每一名教师。此外，要积极推动学生组织、学生社团参与其中，最大限度地调动广大师生的积极性和创造性。

实践育人要坚持目标导向，紧紧围绕立德树人根本任务，设计具有思想性、针对性、实效性的活动载体。一方面，要立足学生成长需求和时代发展要求，科学设置育人内容。既要涵盖理想信念教育、道德品质教育、法治教育等思政课程重点，又要关注心理健康教育、安全教育等学生普遍关注的热点。另一方面，要创新实践育人形式，增强活动的吸引力和感染力。可以通过社会实践、志愿服务、学术竞赛等多种方式，构建课内外、线上线下相结合的立体化育人网络。

实践育人还要注重校地协同、资源整合，努力构建"大思政"工作格局。高校要主动对接地方资源，争取党政机关、企事业单位、社会组织等多方支持，拓展实践育人空间；要整合校内外资源，搭建产学研用相结合的实践平台，不断丰富和完善实践育人载体。

## （二）整合校内资源

整合校内资源是提高高校思想政治教育实践育人活动针对性和有效性的重要保证。高校思想政治教育不是孤立存在的，而是与学校各项工作紧密相连的。为了优化实践育人的支持环境，高校必须统筹各方面资源，形成合力。

充分发挥课堂教学的主渠道作用。思政教育理论课是进行系统化思想政治教育的主阵地，各学科课程蕴含着丰富的思政元素。教师应当充分挖掘所授课程的思政内涵，将显性教育与隐性教育有机结合，增强思政教育的吸引力和感染力。同时，要创新教学方法，运用案例分析、情景模拟等参与式教学，引导学生在体验中加深对理论的理解和认同。

整合"第二课堂"资源，拓展实践育人的广度和深度。"第二课堂"是夯实和拓展"第一课堂"教学效果的重要平台。高校应当统筹校内外实践育人资源，开发特色鲜明、内容丰富的实践项目。高校学生会、校团委等部门要形成合力，充分利用志愿服务、社会实践等载体,组织学生积极参与实践活动,提高思想政治教育的实效性。

重视网络思政教育阵地建设。互联网已经成为学生获取信息、交流思想的重要渠道。高校要主动占领网络思政教育阵地,加强微博、微信公众号等平台建设,创作贴近学生、形式多样的优质内容,用学生喜闻乐见的方式传播正能量。同时,要提高教师运用网络开展思政教育的能力,引导学生增强网络素养,塑造清朗的网络空间。

高校还要重视发挥心理健康教育、学业指导、就业创业教育等工作的育人功能,将其与思想政治教育有机结合,形成协同效应。通过心理健康教育,引导学生正确认识自我,培养积极乐观的人生态度;通过学业指导,帮助学生端正学习态度,树立崇高理想;通过就业创业教育,激发学生报效祖国的家国情怀。

## 三、社会实践活动的实施与指导

### (一) 实施策略

在设计社会实践活动时,高校思想政治教育工作者应充分考虑社区和行业的特点,因地制宜地制定实践方案。每个社区和行业都有独特的历史文化、发展现状和面临的问题,这就要求在设计实践活动时要深入调研,全面了解实践对象的实际需求和特点,而不是简单地套用固有模式。

具体而言,在实施社会实践活动时,要注重发挥社区和行业资源优势。许多社区拥有丰富的历史文化遗产和优秀的道德典型,这些都是开展思想政治教育的宝贵资源。高校思想政治教育工作者可以引导学生走进社区,探寻红色记忆,感悟革命先烈的崇高精神;组织学生参与志愿服务,关爱社区弱势群体,培养学生的社会责任感。针对不同行业,要善于发掘其蕴含的思政元素。对于工业行业,可以组织学生参观先进制造企业,学习工匠精神和创新意识;对于服务行业,可以引导学生体验服务一线工作,锻炼沟通协调能力,提升职业素养。无论在哪个行业实践,都要引导学生把个人成长与国家发展、社会进步紧密结合起来,坚定"四个自信",把爱国情、强国志、报国行自觉融入实现中华民族伟大复兴的奋斗之中。

设计实践活动还要注重针对性和实效性，切忌"一刀切"。不同专业的学生在知识结构、能力特长等方面存在差异，社会实践的内容和方式也应有所侧重。对于理工科专业学生，可以创造条件让他们参与科技创新和成果转化；对于人文社科专业学生，可以搭建平台让他们投身社会调查和政策咨询。此外，实践活动要尽可能地贴近学生的专业所学和职业规划，增强其获得感和职业认同感。例如，针对师范生，可以组织教育帮扶活动，让他们在助力乡村振兴的同时锻炼教学技能；针对医学生，可以开展健康宣教活动，强化他们的职业伦理和服务意识。只有精准设计、因材施教，实践育人才能取得实实在在的效果。

### （二）指导与反馈

在社会实践活动中，建立有效的指导机制和反馈评价体系是保证学生获得良好学习体验、达到教育目标的关键。教师应根据实践活动的性质和要求，精心设计指导方案，为学生提供全程、多角度的指导和支持。在实践前，教师要明确活动目标，帮助学生了解实践内容和要求，为学生提供必要的理论指导和技能培训。在实践中，教师要深入一线，通过观察、提问、讨论等方式，及时发现和解决学生遇到的困难和问题。同时，教师应鼓励学生主动思考，引导他们将理论知识与实践经验相结合，提高分析和解决问题的能力。

除了教师指导，建立同伴互助机制也十分必要。教师可以组织学生成立实践小组，鼓励他们在活动中相互帮助、共同进步。小组成员之间可以定期交流心得体会，分享实践经验，讨论遇到的困难和解决方案。这种同伴互助不仅能够增强学生的团队意识和协作能力，还能营造良好的实践氛围，提高学生的参与热情。

科学的反馈评价体系是实践活动不可或缺的一部分。教师要制定多元化的评价指标，全面考查学生在知识、能力、情感态度等方面的表现。评价方式可以灵活多样，包括教师评价、自我评价、小组互评等，能够全面、客观地反映学生的实践效果。评价结果要及时反馈给学生，帮助他们了解自身的优势和不足，明确后续改进的方向。同时，评价结果要为教师优化实践活动设计、改进指导方法提供重要依据。

搭建实践活动信息平台也是完善指导和评价工作的有效途径。教师可以利用网络平台发布实践活动信息，提供学习资源和指导材料，方便学生及时了解和参与。学生通过平台提交实践报告，分享心得体会，展示实践成果；教师则在线审阅学生提交的材料，给出评价和指导意见。这种线上线下相结合的方式，既能拓展指导和评价的时空范围，又能增强实践活动的互动性和便捷性。

# 第三节　高校思想政治教育实践育人的保障机制

## 一、加强实践育人的师资队伍建设

### （一）师资队伍的组成与培养

高校思想政治教育实践育人的成效，在很大程度上取决于师资队伍的质量。师资队伍是实践育人的组织者、实施者和引导者，其素质的高低直接影响着育人工作的针对性、有效性和吸引力。因此，加强师资队伍建设，打造一支结构合理、专业素质过硬的教师团队，是推进高校思想政治教育实践育人工作的基础性工程。

从师资队伍的组成来看，实践育人工作需要来自不同学科背景、不同岗位的教师共同参与。一方面，思想政治教育理论课教师、辅导员等专职教师是实践育人的骨干力量，他们掌握着系统的思想政治教育理论知识，熟悉学生的思想行为特点，在价值引领、理想信念教育等方面具有独特优势。另一方面，专业课教师、行政管理人员、后勤服务人员等也是实践育人的重要力量，他们在各自岗位上发挥着潜移默化的教育作用。

从师资队伍的培养来看，既要注重教师专业素质的提升，又要重视综合能力的锻炼。在思想政治教育理论素养方面，教师要有坚定的政治立场、过硬的理论功底、深厚的家国情怀，自觉用习近平新时代中国特色社会主义思想武装头脑、指导实践、推动工作。在教育教学能力方面，教师要掌握现代教育理念和信息技术手段，善于运用案例式、体验式、互动式等多样化教学方法，增强教学的吸引力和感染力。在实践指导能力方面，教师要走出教室、走近学生，及时掌握学生的思想动态，引导学生在亲身参与中感悟真理、坚定信念。同时，高校应完善教师培养培训体系，通过集中培训、交流研讨、挂职锻炼等多种途径，促进教师教学相长、共同提高。

完善教师评价和激励机制也是加强师资队伍建设的关键一环。传统的教师评价体系往往偏重科研成果，忽视教学实绩和育人效果，容易导致教师重科研、轻教学的倾向。为扭转这一局面，高校应树立科学的教师评价导向，将思想政治教育工作实绩、课堂教学质量、指导学生实践等情况作为重要考核内容，并在职称评聘、评优奖励等方面予以体现，激励教师潜心教书育人、提升实践指导水平。同时，要注重宣传实践育人的先进事迹和典型经验，发挥示范引领作用，在全校营造崇尚实践育人的浓厚氛围。

### （二）提高教师实践教学能力

提高教师实践教学能力是高校思想政治教育实践育人保障机制的关键环节。教师作为实践教学的组织者和引导者，其自身的实践指导能力和水平直接影响着实践育人的质量和效果。因此，高校必须高度重视教师实践教学能力的培养和提升，采取多种措施加强师资队伍建设。

系统的实践教学培训是提高教师实践指导能力的重要途径。高校应定期组织教师参加实践教学专题培训，邀请经验丰富的实践教学专家授课，教授实践教学的理论知识和操作技能。通过培训，教师能够掌握实践教学的基本原理和方法，了解实践教学的新理念、新技术，拓宽实践教学的思路和视野。同时，培训能够为教师搭建交流互鉴的平台，从而分享优秀的实践教学案例和心得体会，以便相互学习、共同提高。

鼓励教师深入实践一线开展实践教学研究是加强教师实践教学能力建设的有效措施。高校应支持教师走出校门，深入企业、社区等开展社会实践和调查研究，将理论知识与实践经验相结合，把握实践育人的规律和特点。通过亲身参与实践活动，教师能够获得鲜活的实践素材，了解实践育人的真实需求，不断反思和改进实践教学的内容与方式。高校还应鼓励教师开展实践教学的理论研究，总结实践教学的经验，探索实践育人的新模式，提炼可推广、可复制的实践教学方法，为实践育人提供理论指导和实践支撑。

建立健全教师实践教学能力考核评价机制是保障教师实践教学质量的关键。

高校应将教师的实践教学能力纳入教师考核评价体系,制定科学合理的考核标准和评价指标,全面考察教师实践教学的态度、能力和效果。考核评价要突出实践导向,重点评估教师指导学生参加实践活动的实际表现和育人成效,引导教师重视实践、投入实践。同时,考核评价结果应与教师的职称晋升、岗位聘任、绩效分配等挂钩,调动教师参与实践教学的积极性和主动性。

加强校内外实践教学资源的整合利用,为教师实践教学创造良好的条件也十分必要。高校应加强与企业、社区等校外单位的合作,建立稳定的实践教学基地,为教师和学生提供真实的实践平台。校内要整合各类实践教学资源,如实验室、创新创业中心等,为教师开展实践教学提供必要的场地、设施和经费支持。此外,高校还应搭建实践教学资源共享平台,实现优质实践教学资源的共建共享,促进教师实践教学的交流与合作。

### (三)建立健全教师激励机制

建立健全教师激励机制是促进教师主动参与实践教学的关键举措。教师作为实践教学活动的组织者和引导者,其积极性和创造性直接影响着实践教学的质量和效果。然而,在传统的教学评价体系中,理论教学往往占据主导地位,实践教学的重要性容易被忽视。这种状况不仅影响了教师投入实践教学的热情,也制约了实践育人工作的深入推进。

为了扭转这一局面,高校应从制度层面入手,建立科学合理的教师激励机制。首先,要在教师绩效考核中提高实践教学的权重,将教师指导学生实践、组织实践项目等纳入考核范畴,并与职称评定、岗位晋升等挂钩。这样既能调动教师参与实践教学的积极性,也能体现高校对实践育人工作的重视。其次,要设立专项资金,对在实践教学中表现突出的教师给予物质奖励,并在全校范围内进行表彰宣传,营造重视实践、争创一流的良好氛围。最后,要为教师参与实践教学提供充足的时间和空间保障,在教学任务安排上给予适当倾斜,为其投入实践教学创造有利条件。

高校还应注重发挥教师在实践教学创新中的主体作用。一方面,要鼓励教师结合自身专业特点和学生实际需求,积极设计和开发新的实践教学项目,并给予经费、场地等方面的支持。另一方面,要搭建教师交流合作的平台,定期组织实践教学研讨会、经验分享会等活动,促进优秀实践教学模式的推广和应用。通过这些举措，不仅能够提升教师实践教学的能力和水平，也能充分调动其参与实践育人工作的积极性和创造性。

## 二、完善实践育人的评价与激励机制

### （一）建立多元化评价体系

多元化评价体系的构建是高校思想政治教育实践育人工作的重要保障。传统的评价方式往往局限于单一的知识考核，难以全面衡量学生在实践育人活动中的表现和收获。为了突破这一局限，教育工作者需要从知识、能力、态度等多个维度入手，建立科学、合理的评价指标体系。

在知识维度方面，评价应关注学生对思想政治教育理论知识的理解和掌握程度。通过撰写心得体会、参与专题讨论等形式，考查学生运用思想政治教育基本原理分析问题的能力。同时，评价应涵盖学生在实践育人活动中获得的知识拓展和能力提升指标，如对社会热点问题的认知、对专业知识的应用等。

在能力维度方面，评价应聚焦学生在实践育人过程中展现出的组织协调、沟通表达、团队合作等关键能力。教师可以通过设置开放性任务，观察学生在活动策划、方案设计、现场执行等环节中的表现，综合评估其实践能力的提升。同时，评价应关注学生在活动中的创新意识和创造力，鼓励其探索新颖的实践形式和方法。

在态度维度方面，评价应重点考查学生在实践育人中体现出的价值取向、道德品质和社会责任感。通过学生在活动中的言行表现，分析其是否坚持正确的政治方向、树立远大的理想信念、形成积极向上的人生态度。评价还应关注学生在服务社会、奉献他人中展现出的家国情怀和责任担当，引导其将个人成长与国家发展、民族复兴相统一。

### （二）激励与反馈相结合

在推进高校思想政治教育实践育人过程中，构建科学合理的激励与反馈机制至关重要。一方面，有效的激励措施能够充分调动学生参与实践育人活动的积极性和主动性，促使其全身心地投入实践过程中，在实际体验和感悟中加深对理论知识的理解，提升运用知识分析问题、解决问题的能力。另一方面，及时、精准的反馈又能帮助学生客观认识自己在实践中的表现，发现不足，总结经验，进而不断提高自身能力。可以说，激励与反馈机制是实现实践育人目标的"助推器"，在引导学生正确认识、积极投身实践育人活动中发挥着不可替代的作用。高校在构建激励与反馈机制时，应把握以下四点。

第一，激励措施要充分考虑学生的个性特点和实际需求。不同学生的兴趣爱好、价值取向存在差异，对外部激励的反应也不尽相同。因此，教师要深入了解学生，根据其特点设计个性化的激励方案，或精神鼓励，或物质奖励，或荣誉激励，多管齐下，激发内在动力。

第二，反馈方式要做到及时、中肯、可行。在学生完成实践任务后，教师应第一时间给予评价，既肯定优点，又指出不足，态度友善、建设性强，帮助学生找准努力方向。此外，教师应具体指导学生改进的路径和方法，使反馈落到实处、见到实效。

第三，激励与反馈要贯穿实践育人活动全过程。实践育人非一朝一夕之功，需要学生持之以恒、久久为功。在此过程中，教师既要在关键节点给予集中激励，又要在日常实践中适时给予肯定和鼓励，让学生始终保持昂扬向上的精神状态。同时，反馈不能只注重结果，更要关注过程，引导学生享受实践、体验成长，培养严谨笃实的科学精神和坚定崇高的理想信念。

第四，创新激励与反馈的载体和形式。随着信息技术的发展和新媒体的兴起，高校思想政治教育实践育人也迎来了前所未有的机遇。各高校应积极运用新技术、新平台，丰富激励与反馈的表现形式，增强吸引力和感染力。例如，学校可以开发实践育人专属 App，记录学生参与实践的轨迹，并根据其表现进行积分累计、等级晋升，激励学生主动参与、持续投入。

## 三、提供充足的实践教学资源与支持

### （一）资源形态与配置

高校思想政治教育实践育人的资源形态呈现多样化的特点，既包括实验室、教学基地等物质资源，也涵盖师资队伍、教学平台等人力资源和智力资源。这些资源的合理配置和综合利用，是提高实践育人质量和效果的关键。

高校应加强实验室等物质资源的建设与管理。实验室是开展实践教学的重要场所，其硬件设施和软件环境直接影响着教学活动的开展。高校要根据思想政治教育的特点和需求，优化实验室布局，更新实验仪器设备，为学生提供功能完善、技术先进的实践平台。同时，高校要建立健全实验室管理制度，明确管理职责，规范使用流程，确保实验教学有序开展。

高校要充分发挥校内外教学基地的育人功能。教学基地是学生开展社会实践、了解国情民情的重要窗口。高校应积极拓展校外教学基地，与地方党政机关、企事业单位、社会组织等建立长期稳定的合作关系，为学生提供丰富多样的实践机会。在教学基地建设过程中，高校要突出思想政治教育的主题，设计富有针对性和吸引力的实践项目，引导学生在实践中坚定理想信念、厚植爱国情怀、提升综合素质。

高校要整合利用社会资源，拓宽实践育人渠道。当前，我国正处于经济转型、社会变革的关键时期，各种社会问题和矛盾交织，为思想政治教育实践育人提供了生动鲜活的素材。高校要主动对接社会资源，鼓励教师深入基层一线，引导学生走出校园，通过调查研究、志愿服务、公益活动等方式，在亲身体验中认识社会、研究问题、坚定信念。同时，高校要发挥自身的智力优势和学科优势，为地方经济社会发展提供智力支持和人才保障，在服务社会的过程中实现育人目标。

高校还要注重人力资源的整合与优化配置。一支高素质的思想政治教育工作队伍是开展实践育人的关键力量。高校要加强对教师实践教学能力的培养，支持教师深入教学一线，参与教学改革与创新。同时，高校要积极引进和培养兼职教师队伍，特别是来自党政机关、企事业单位的业界专家和实务工作者，充实实践教学力量。通过校内外师资的有机整合，形成专兼结合、优势互补的高素质教学团队。

高校要着力构建实践育人的综合平台。信息技术的迅猛发展为思想政治教育实践育人提供了新的可能。高校要顺应"互联网＋"发展趋势，加快信息化教学平台建设，促进优质教学资源共建共享。要运用大数据、虚拟现实等新技术手段，创新实践教学模式和方法，增强教学的吸引力和感染力。同时，高校要搭建实践育人的交流平台，定期开展经验交流、成果展示等活动，推动资源整合、优势互补，不断提升实践育人的整体水平。

## （二）实践教学条件的优化

高质量的实践教学条件是实现高校思想政治教育实践育人目标的重要保障。随着信息技术的迅猛发展和教育理念的不断更新，传统的实践教学模式已经难以满足新时代人才培养的要求。因此，优化实践教学条件，提升实训设施与教学工具的现代化水平，已经成为思想政治教育工作者的共识和努力方向。

系统整合实践教学资源是优化实践教学条件的基础。高校思想政治教育实践育人涉及理论学习、社会实践、志愿服务等多个环节，需要充分利用校内外资源，构建多元化的实践教学平台。在校内，要加强实验室、模拟教室等硬件设施建设，为学生提供真实的实践环境；在校外，要积极拓展实践基地，与地方党政机关、企事业单位建立长期稳定的合作关系，为学生搭建走向社会、了解国情的桥梁。只有系统整合各类资源，才能为实践教学提供坚实的物质基础和广阔的发展空间。

引入现代信息技术是提升实践教学工具现代化水平的关键举措。当前，大数据、人工智能、虚拟现实等新技术日新月异，为思想政治教育实践育人带来了新的机遇。高校要主动顺应信息化发展趋势，将现代技术引入实践教学全过程。例如，可以利用大数据技术收集学生实践过程数据，进行智能化分析，为个性化指导提供依据；又如，可以运用虚拟现实技术构建沉浸式体验环境，让学生身临其境地感悟理论知识的实践意义。信息技术与实践教学的深度融合，不仅能够拓宽学生的认知视野，提高实践效率，更能激发学生参与实践的兴趣，增强实践教学的吸引力。

完善配套制度是保障实践教学条件建设的重要基石。硬件设施再先进，没有完善的配套制度作支撑，也难以发挥应有的效用。高校要从制度层面入手，为实践教学条件优化提供长效机制。在经费投入上，要设立专项资金，加大对实践教学的支持力度；在人员配备上，要成立专门机构，配备专职人员，提供必要的技术支持和管理服务；在绩效考核上，要将实践教学纳入教师考评体系，调动教师投身实践育人的积极性。

### （三）创设实践教学平台

创设实践教学平台是高校思想政治教育实践育人的重要保障之一。在信息化时代背景下，高校思想政治教育工作者应积极利用现代信息技术，搭建多元化、立体化的实践教学平台，为学生提供更加丰富、更具吸引力的实践学习资源。这不仅有利于拓宽实践育人渠道，丰富实践育人形式，更能够促进优质教学资源的共享，提升思想政治教育的信息化水平。

高校可以依托网络平台，建设思想政治教育专题网站、微博、微信公众号等，及时发布实践教学信息，分享实践教学成果，搭建师生互动交流的桥梁。同时，可以充分利用慕课、虚拟仿真实验等信息化教学手段，创新实践教学模式，提高实践教学的趣味性和参与度。例如，开发沉浸式体验的思想政治教育虚拟仿真实验项目，引导学生在模拟情境中感悟理论知识，加深对理论的理解和认同。

高校还应注重实践教学平台的整合与优化，促进线上线下教学资源的有机融合。一方面，要加强实践教学平台的系统规划和顶层设计，构建功能完善、资源丰富、运行高效的综合性实践教学平台；另一方面，要强化线上线下实践教学的联动，将网络平台作为实践教学的重要延伸和补充，充分发挥其在实践育人中的独特优势。

# 第四章 "大思政"视域下高校思想政治教育的网络育人体系

## 第一节 "大思政"理念下网络育人的特点与要求

### 一、网络育人的定义与特点

#### (一) 网络育人的定义

网络育人是高校思想政治教育工作者在网络环境下开展思想政治教育的新模式。它以互联网为载体,运用网络技术和资源,通过网络平台实现思想政治教育目标。相较于传统的课堂教学,网络育人拓展了思想政治教育的时空维度,为教育者和受教育者提供了更为便捷、高效的互动渠道。

网络育人是思想政治教育与网络技术深度融合的产物。一方面,它继承了思想政治教育的基本属性,坚持社会主义办学方向,以立德树人为根本任务,致力于帮助学生形成正确的世界观、人生观和价值观。另一方面,网络育人充分利用互联网的开放性、交互性和共享性,创新了思想政治教育的内容呈现方式、传播渠道和影响方式,增强了思想政治教育的感染力和吸引力。

网络育人呈现出鲜明的时代性和互动性。在信息技术迅猛发展的时代背景下,互联网已经渗透到学生学习生活的方方面面,成为其获取信息、交流互动的主要途径。网络育人顺应这一趋势,利用学生喜闻乐见的网络平台开展思想政治教育,使教育内容更加贴近学生的认知习惯和接受心理。同时,网络空间打破了师生之间的时空界限,实现了教育者与受教育者的实时互动和平等交流,有利于构建民主、和谐的师生关系。

网络育人能够有效扩大高校思想政治教育的覆盖面和影响力。借助网络平台,思想政治教育可以突破课堂的局限,渗透到学生学习生活的各个领域。无论是思政课教学,还是日常管理服务,都可以通过网络平台得以延伸和拓展。

这种无处不在、无时不有的教育形式，增强了思想政治教育的持续性和长效性。同时，网络的开放性为高校思想政治教育搭建了联通社会的桥梁。高校可以利用网络平台吸收社会优质教育资源，引入专家学者和社会各界人士参与育人过程，从而拓宽育人渠道，提升育人实效。

### （二）网络育人的特点

网络育人的五大特点分别是融通性、互动性、便捷性、个性化和多元化。融通性体现在网络打破了时空界限，使教育资源可以跨地域、跨时段共享，学生可以根据自身需求灵活安排学习时间和进度。互动性突出了网络平台促进师生、生生之间交流的优势，学生可以通过在线讨论、合作学习等方式，提高参与度和获得感。便捷性凸显了网络获取资源的高效性，海量的教学资源库和智能检索功能，为学生自主学习提供了便利。个性化意味着网络可以根据学生的学情和特点，提供个性化的学习方案和资源推送，因材施教，促进学生的全面发展。多元化则彰显了网络育人形式和内容的丰富性，慕课、微课、虚拟仿真等多种教学形态和学科交叉融合的课程内容，能够满足学生多样化的学习需求。

这五大特点相辅相成，共同构筑了网络育人的独特优势和广阔前景。融通性突破了教育的时空藩篱，拓展了教育的覆盖面和辐射力。互动性促进了教与学的良性互动，提升了教学的针对性和实效性。便捷性提供了丰富的学习资源和便捷的学习方式，可以满足学生随时随地学习的需求。个性化顺应了因材施教的教育理念，尊重学生的个体差异，让每名学生都能接受适合自己的教育。多元化则使教学内容更加丰富多彩、教学形式更加灵活多样，激发了学生学习的兴趣和动力。

## 二、网络育人在高校思想政治教育中的作用

### （一）扩大教育影响

网络育人的广泛影响力源于互联网信息传播的广度与深度。在当今的信息化时代，网络已经成为人们获取信息、交流互动的主要渠道。网络平台凭借覆盖面广、传播速度快、交互性强等特点，为思想政治教育拓展了崭新的育人空

间。网络打破了传统教育的时空限制,使教育资源的分享和传播不再受地域、时间的制约。学生可以随时随地通过网络平台接受教育,获取所需的知识和信息。这极大地拓宽了教育的覆盖面,促进了教育机会的均等化。

网络育人具有强大的信息聚合与放大功能。通过搜索引擎、社交媒体等平台,教育内容可以迅速汇聚并广泛传播,触达更多受众。优质的教育资源能够在网络上不断被转发、分享,产生裂变式的传播效应,从而扩大教育的影响力。与此同时,网络环境下信息传播的去中心化特征,使教育不再是单向灌输,而是教师、学生乃至社会各界的多向互动。学生可以通过网络平台表达观点、参与讨论,形成平等、开放的互动,这有助于调动学生的主动性,激发其学习兴趣。

### (二)提升教育效率

网络育人之所以能够有效提升高校思想政治教育的效率,是因为其独特的资源共享优势和即时反馈机制。在信息化时代,网络已经成为知识传播和交流互动的重要载体。借助网络平台,高校可以打破时空界限,整合各类优质教育资源,实现跨区域、跨学科的资源共建共享。学生不再局限于课堂和教材,可以随时随地访问海量的在线课程、专题讲座、案例分析等学习资源,极大地拓展了知识获取的广度和深度。同时,网络信息传播的即时性、交互性,也为师生互动、生生互动提供了便利。学生可以通过在线讨论、弹幕评论等方式参与教学,表达自己的观点和看法,教师则可以针对学生的反馈及时调整教学策略,实现教学相长。

网络还为个性化、精准化的思政教育提供了可能。传统的思政课堂常常面向全体学生,难以兼顾每一名学生的特点和需求。而依托大数据技术,网络育人可以精准分析每名学生的学习特点、兴趣爱好、思想动态,有针对性地推送相关资源,开展个性化教育。

网络育人的即时反馈机制不仅体现在师生互动层面,也体现在教学管理和质量监控层面。在线教学平台可以自动记录学生的学习行为数据,如学习时长、学习进度、测验得分等,为教师提供及时、准确的教学效果反馈。教师可以据此优化教学设计,改进教学方法。平台还可以利用智能算法实时分析海量教学数据,评估课程质量,预警学生学习风险,为教学管理决策提供数据支撑。这种数据驱动的教学评价和管理模式，有利于精准施策、持续改进，不断提升育人实效。

### （三）强化教育深度

在"大思政"理念的指导下，网络育人必须紧跟时代步伐，创新教育模式，以满足新时代大学生的个性化学习需求。定制化和个性化教学是实现这一目标的重要路径。它以学生为中心，尊重学生的个体差异，根据其学习基础、认知特点和发展需求，提供量身定制的教育内容和学习支持，最大限度地激发学生的学习潜力。

从教学内容的设计来看，定制化和个性化教学要求教师深入分析学生的学情，了解其知识结构、能力水平和价值取向，进而有针对性地选择和组织教学内容。对于思想政治素养较高的学生，教师可以提供更具深度和挑战性的学习材料，引导其进行批判性思考和探究性学习；而对于基础较弱的学生，教师需要提供更多的学习指导和帮助，引导其夯实基础、提升能力。无论采取何种教学策略，都要遵循因材施教的基本原则，切实提高教学的针对性和实效性。

从教学方式的创新来看，定制化和个性化教学需要充分利用信息化技术手段，为学生提供丰富多样的学习资源和灵活便捷的学习方式。教师可以利用在线教育平台，根据学生的学习需求和学习特点，定制个性化的学习路径和进度。学生可以根据自己的时间安排学习节奏，灵活选择学习内容和学习方式。同时，教师可以利用大数据技术实时跟踪学生的学习行为和学习效果，及时调整教学策略，提供精准化的学习反馈和指导。这种基于数据分析的个性化教学模式，能够最大限度地满足学生的差异化需求，提高学习的有效性。

从师生互动的优化来看，定制化和个性化教学要求教师与学生建立平等、互信的师生关系，营造开放、包容的学习氛围。教师要充分尊重学生的主体地位，鼓励学生表达自己的想法和观点，引导学生开展自主探究和合作学习。同时，教师要主动关注学生的情感需求，及时给予鼓励和支持，帮助学生树立学习自信、激发学习动机。在这种良性互动的过程中，师生之间能够形成彼此信任、相互促进的人际关系，为学生的个性化发展提供有力支撑。

## 三、网络育人的目标与要求

### （一）目标设定

明晰网络育人的长远目标与近景规划是高校思想政治教育工作者的重要任务。从宏观层面来看，网络育人的根本目标在于培养社会主义建设者和接班人。这就要求我们在网络空间中大力弘扬社会主义核心价值观，引导青年学生树立正确的世界观、人生观、价值观。同时，要充分发挥网络的优势，创新思政教育内容和形式，增强思政教育的吸引力和感染力，实现思想政治教育工作全过程、全方位、全覆盖。

网络育人的长远目标可以概括为"三全育人"。首先是全员育人，即动员全校各方力量参与网络思政教育。其次是全过程育人，即针对学生成长成才各阶段，设计贯穿式、递进式的网络思政教育内容。最后是全方位育人，即利用网络平台开展教学、科研、实践、管理、服务等多维度育人活动，实现思想价值引领、知识技能传授、实践能力锻炼的有机统一。

从中短期目标来看，高校应着力构建"三全"网络育人体系。一是打造全媒体传播矩阵。依托官网、官微、微信公众号等校级平台，建设全媒体传播矩阵，及时发布权威信息，传播主流价值，引领校园舆论。二是健全全过程育人机制。制定网络思政教育规划，明确各年级各学期的教育重点，做到全过程设计、全过程管理、全过程评价。三是拓展全方位育人路径。整合校内外网络资源，开发思政教育慕课、公开课、资源库等，拓展网上理论学习、网上实践活动等育人路径。

高校还要加强队伍建设和制度保障。建设一支政治素质过硬、业务能力精湛的网络思政工作队伍，提升教师运用网络开展思政教育的意识和能力。同时，健全网络育人工作机制，完善管理制度和考核评价体系，为网络育人提供坚实保障。

### （二）客观要求

网络育人的有效开展离不开教学质量、技术支持与管理保障三个方面的有力保证。

在教学质量方面，网络育人要以提升思想政治教育实效为核心目标，优化教学内容设计，创新教学方法与手段。教师应深入分析学生的思想特点和认知规律，精心设计富有吸引力和感染力的教学内容，运用案例分析、情景模拟等多样化的教学方式，引导学生在体验与互动中加深对理论知识的理解和内化。同时，网络育人要注重发挥学生的主体作用，鼓励其参与教学活动的设计与实施，培养自主学习和合作探究的能力。

在技术支持方面，网络育人对信息技术提出了更高的要求。一方面，要建设完善的网络教学平台，为师生互动、资源共享、学习评价等提供便捷高效的渠道。平台的界面设计应简洁美观，功能布局合理，确保良好的用户体验。另一方面，要充分利用大数据、人工智能等新兴技术，为个性化、智能化的教学服务提供支撑。通过学习行为分析，实现教学内容的精准推送；借助自然语言处理，提供智能答疑与指导。先进的技术手段能够显著提升网络育人的针对性和有效性。

在管理保障方面，网络育人需要健全的制度体系和高效的运行机制。从制度建设来看，要完善网络教学相关的规章制度，明确各环节的职责分工和质量标准，强化过程管理与考核评价。从运行机制来看，要建立由学校、学院、教师等多方参与的协同育人机制，形成分工明确、协调有序的工作格局。同时，要加强对教师网络教学能力的培养，提供必要的指导和支持，调动其积极性和创造性。

## （三）目标落实

落实网络育人目标，必须着力创设基础条件，构建监测机制。

高校应加大资金投入，完善网络教学平台的建设。一方面，要强化服务器、宽带等网络基础设施的升级改造，提高系统运行的稳定性和数据传输的速度，为网络教学提供可靠的技术保障。另一方面，要开发功能多样、体验友好的网络教学平台，整合各类教学资源，丰富教学内容和形式，为师生创造良好的网络教学环境。

高校应重视网络教学团队的建设，提升教师的信息化教学能力。一方面，要加强教师信息技术应用能力培训，帮助教师掌握网络教学平台的使用方法，熟悉在线课程的设计与开发流程，提高教学资源的利用水平。另一方面，要组建由教师、技术人员、教学管理人员等组成的网络教学团队，明确分工，密切配合，形成工作合力，有效推进网络育人工作的开展。

完善的监测评估机制是保证网络育人质量的关键。高校应制定科学合理的网络教学质量标准，从教学设计、资源建设、过程管理、学习效果等维度，对网络育人工作进行全面评估。通过数据采集与分析，动态掌握师生的参与度、满意度等关键指标，发现存在的问题，及时改进完善。同时，要建立网络舆情监测机制，密切关注网络空间的信息动态，加强网络言论引导，营造风清气正的网络育人环境。

网络育人工作需要制度保障和经费支持。高校应将网络育人纳入学校整体发展规划，制定专门的管理办法和激励政策，调动各方力量参与其中。在经费投入上，要设立专项资金，用于支持网络教学平台建设、教师信息化教学能力提升、优质教学资源开发等，为网络育人工作提供持续动力。

## 四、加强网络道德与法律意识培养

### （一）道德与法律意识的重要性

网络环境为当代大学生的成长提供了广阔的舞台，但也潜藏着诸多风险和挑战。在网络空间中，各种思想文化交流碰撞，价值观念多元多变，一些错误的、有害的信息极易对学生的思想观念产生负面影响，甚至导致价值判断的偏差和行为的失范。因此，加强学生网络道德与法律意识的培养，已经成为高校思想政治教育的重要课题。

从法律层面来看，网络空间并非法外之地，学生在网络活动中同样需要遵守相关法律法规。然而，由于法律意识淡薄，一些学生在网络空间中很容易上当受骗，参与违法犯罪活动，如侵犯知识产权、传播淫秽色情信息、从事网络诈骗等，给自己和他人带来严重的后果。这些问题的产生，既与学生自身法律意识不强有关，也反映出高校加强网络法治教育的紧迫性。

### （二）教育策略

将道德与法律教育有机融入网络育人之中，是培养学生网络道德意识和法治观念的重要途径。在网络时代，学生面临着信息爆炸、价值多元等复杂环境，更需要坚定的道德信念和法治意识作为行为准则。高校应充分认识到网络道德与法治教育的必要性和紧迫性，并将其作为网络育人的重要内容，纳入人才培养的全过程。

高校可以开设专门的网络道德与法律课程，系统讲授网络伦理、网络法规等基本知识，引导学生树立正确的网络道德观和法治观。同时，要注重将网络道德与法治教育渗透到各学科教学之中，在专业课程中融入网络道德典型案例分析，在实践教学中强化网络法律风险防范意识，使之成为学生必备的素养和能力。

高校还应搭建丰富多样的网络育人平台，为学生提供体验网络文明、践行网络法治的机会。例如，开展网络文明公约制定、网络法律知识竞赛等活动，组织学生参与网络谣言识别、网络不良信息举报等社会实践，引导其在实践中提升网络道德修养和法律素养。

高校教师作为网络育人的关键力量，也应加强自身网络道德与法治修养，以身作则，润物无声。教师要提高网络意识和媒介素养，遵守网络道德规范和法律法规，在与学生的网络互动中体现道德情操和法治精神，成为学生的榜样和引路人。

# 第二节　高校思想政治教育网络育人平台建设

## 一、平台建设的必要性与重要性

### （一）网络育人平台的社会背景与发展趋势

随着互联网技术的迅猛发展和信息化时代的全面到来，网络已经深刻影响和改变了人们的学习、工作和生活方式。在高校思想政治教育领域，网络平台作为新的教育阵地和载体，为创新思想政治教育内容、拓展教育渠道、提升教育实效提供了广阔空间。当前，高校学生普遍成长于网络时代，他们熟悉网络语言，热衷于网络交流，习惯于从网络获取信息和知识。面对这一群体，传统的思想政治教育模式和方法已难以完全适应其特点和需求，亟须借助网络平台实现教育理念、内容和方式的创新，以增强思想政治教育的吸引力和针对性。

高校思想政治教育网络平台的建设是顺应时代发展潮流、把握教育对象特点的必然选择。一方面，网络平台能够突破时空限制，实现教育资源的广泛共享和教育活动的持续开展。教师可以利用网络平台发布教学资源，组织在线讨论，拓宽师生交流互动的渠道。学生则可以随时随地访问平台，自主安排学习进度，参与教育活动，实现个性化、自主化学习。另一方面，网络平台有助于创设生动活泼、贴近学生生活的教育情境，增强思想政治教育的吸引力和感染力。通过融入学生喜闻乐见的网络元素，运用微视频、游戏等新颖的呈现方式，平台能够有效激发学生的学习兴趣，引导其主动参与教育过程，提高教育的针对性和实效性。

高校思想政治教育网络平台的建设必须坚持正确的政治方向和价值取向，体现思想政治教育的根本任务和时代要求。平台建设要以习近平新时代中国特色社会主义思想为指导，深入贯彻落实全国高校思想政治工作会议精神，着力培养担当民族复兴大任的时代新人。这就要求平台的建设目标必须紧密围绕立德树人根本任务，切实发挥思想政治教育的育人功能；平台的内容建设要用社会主义核心价值观引领教育教学，促进知识传授与价值引领的有机结合；平台的管理运行要加强思想阵地管控，严把政治关、导向关，确保平台始终成为坚持党的领导、践行社会主义核心价值观的重要阵地。

面向新时代高校思想政治教育的新任务新要求，网络平台的建设还应体现鲜明的时代特色，紧跟信息技术发展前沿，积极运用大数据、人工智能、虚拟现实等新技术新手段，不断优化平台功能，丰富教育形式，提升教育效果。例如，利用大数据技术精准分析学生的学习行为和思想动态，为因材施教、精准教育提供数据支持；应用人工智能技术开发个性化学习系统和智能教学助手，为学生提供更加智能、便捷的学习服务；综合运用虚拟现实、增强现实等技术营造沉浸式学习环境，带给学生身临其境的学习体验。

## （二）网络平台对思想政治教育的支撑作用

网络平台的迅猛发展为高校思想政治教育提供了广阔的空间和丰富的资源。互联网所具有的开放性、互动性、时效性等特点，使其成为思想政治教育的重要新阵地。网络平台极大地拓展了思想政治教育的时空维度。传统的思想政治教育主要局限于课堂、党团活动等特定场景,受时间和空间的限制较大。网络平台打破了这些限制,学生可以随时随地接受教育,教师也能更灵活地开展工作。这有助于实现全员、全过程、全方位的育人格局,增强教育的针对性和实效性。

网络平台有利于丰富思想政治教育的内容和形式。在网络空间中,思政教育可以借助文字、图片、音频、视频等多种媒体形式,生动直观地呈现内容,增强教育的吸引力和感染力。同时,网络上汇聚了海量的信息资源,涵盖政治、经济、文化、社会等各个领域。教师可以引导学生主动筛选、分析和利用这些资源,拓宽知识视野,提高思辨能力。网络互动交流还能促进师生、生生之间平等交流,活跃教育氛围。

网络平台为思想政治教育提供了大数据支撑和智能化手段。通过对学生在网上的行为数据进行采集和分析,教师能够更加精准地把握学生的思想动态、价值取向和行为特点,有针对性地开展教育。人工智能技术的应用,如智能推送、虚拟助手等,也能够优化教育过程,提供个性化、精准化的服务。大数据和智能化赋能思政教育,推动其向科学化、精细化方向发展。

## 二、平台建设的目标与原则

### (一)明确网络育人平台建设目标

明确网络育人平台建设目标是推动高校思想政治教育创新发展的关键一环。当前,随着信息技术的迅猛发展和学生学习生活方式的深刻变革,网络已经成为学生获取知识、交流互动、形成价值观的重要渠道。因此,高校思想政治教育必须主动适应这一趋势,积极探索网络育人新模式,充分发挥网络平台在价值引领、知识传播、能力培养等方面的独特优势。

构建网络育人平台,首要任务是明确建设目标。这一目标应立足于立德树人根本任务,聚焦学生成长成才的现实需求,着眼于思想政治教育的时代使命。具体而言,网络育人平台建设应实现以下目标。

第一,引导学生坚定理想信念,树立正确的世界观、人生观、价值观。通过生动鲜活的案例分析、深入浅出的理论阐释，帮助学生厘清社会主义核心价值观的丰富内涵，内化价值理念，外化价值行为。

第二，传播科学文化知识，拓宽学生知识视野。依托海量的网络资源，搭建富有时代感和吸引力的知识分享平台，激发学生的好奇心和求知欲，引导其主动学习、自主探究，提升人文素养和科学素质。

第三，培养学生实践创新能力，锻造过硬本领。设计形式多样、内容丰富的网络实践活动，为学生提供展示才华、锤炼意志的舞台，培养其分析问题、解决问题的关键能力，塑造创新精神和实践品格。

第四，促进师生交流互动，构建和谐育人关系。利用网络平台的互动性特征，搭建师生沟通的桥梁，及时了解学生的思想动态，回应学生的关切诉求，化解师生矛盾，营造民主、平等、互信的育人氛围。

网络育人平台建设必须坚持以学生为中心，紧密契合学生的认知特点和接受习惯。当代大学生普遍具有互联网思维，热衷于通过网络获取信息、表达观点、分享经验。网络育人平台要顺应这一特点，创新工作理念，改进工作方法，在教育内容呈现、活动载体设计、互动方式创新等方面多做文章。比如，可以利用微博、微信、短视频等新媒体形式，把握时代脉搏，用青年人喜闻乐见的方式讲好思政故事。又如，可以开发沉浸式、体验式的网络育人场景，设计情景模拟、角色扮演等参与式教学活动，调动学生的参与热情，强化教育实效。

网络育人平台建设要坚持系统布局，统筹校内校外、线上线下各类资源，发挥整体育人合力。一方面，要加强顶层设计，科学规划网络育人平台的功能定位、建设任务、实施路径，确保整体工作的系统性、协调性。另一方面，要整合校内各部门、各学科的优质资源，发挥思想政治教育理论课、哲学社会科学课的主阵地、主渠道作用，促进专业教育、创新创业教育等各领域的协同联动。同时，要主动对接校外资源，借助地方党委政府、企事业单位、社会组织的力量，丰富网络育人的内容和形式。

## （二）坚持科学发展的网络育人平台建设原则

高校思想政治教育网络育人平台的建设必须坚持科学发展的原则，这是新时代教育改革的必然要求。随着信息技术的迅猛发展和学生思想行为特点的新变化，传统的思想政治教育模式已难以适应形势需要。网络作为当代大学生获取信息、交流思想的主要渠道，已成为思想政治教育的重要阵地。因此，积极利用网络平台开展思政工作，创新工作理念和方法，是提升高校思想政治教育实效性的关键所在。

坚持科学发展要求网络育人平台的建设必须体现以人为本、服务学生的理念。学生是网络思政工作的主体，一切工作都要围绕学生、为了学生。这就要求在平台建设过程中，要充分考虑当代大学生的思想特点、行为习惯和接受心理，提供贴近学生、贴近生活、贴近实际的教育内容。在育人方式上，要尊重学生主体地位，鼓励学生参与互动，增强平台的吸引力。在功能设计上，要体现人文关怀，提供心理咨询、学业指导等服务，帮助学生解决成长中的困惑，实现全面发展。

科学发展的网络育人平台建设还必须处理好继承和创新的关系。一方面，要传承党的教育方针和高校思想政治工作的优良传统，深入挖掘中华民族的优秀文化，用社会主义核心价值观引领网络平台建设。另一方面，要顺应时代发展潮流，积极运用新媒体新技术，创新工作理念、内容和方法，在继承中创新、在创新中发展，推动网络思政工作不断迈上新台阶。

坚持科学发展还要处理好线上线下互动的关系。网络育人平台不是独立的教育形态，而应该与课堂教学、实践活动等传统育人方式深度融合、相互促进。"两个课堂"要互为补充、同向同行，形成全方位、立体化的思想政治教育体系。同时，要加强网络平台与高校各部门的联动，建立协同育人机制，形成工作合力。

科学发展的网络育人平台建设还必须坚持问题导向，注重实际效果。要聚焦影响和制约网络思政工作的关键问题，加强顶层设计，强化统筹谋划，完善制度机制。在实践中，要加强对平台育人效果的跟踪评估，建立科学的考核评价体系，把学生的获得感、教师的成就感作为检验工作的重要标准。

## 三、平台的内容构建

### （一）汇聚多元内容资源的策略

高校思想政治教育网络育人平台的内容构建需要汇聚多元化资源，实现内容的系统化和全面化。随着信息技术的迅猛发展，海量的网络资源为平台建设提供了丰富的素材，但同时也带来了内容选择和组织的挑战。因此，平台建设者必须审慎甄选、科学规划，确保汇聚的资源能够切实服务于思想政治教育的目标。

从资源的来源看，思想政治教育网络育人平台应广泛吸纳校内外、网上网下的优质资源。校内资源包括思政课教学资料、专家学者的研究成果、各类思想政治教育活动的素材等；校外资源则包括政府部门发布的政策文件、主流媒体的相关报道、知名教育机构的课程资源等。网上资源主要是指数字化的文本、图片、音视频等形式的材料；网下资源则侧重实践育人的内容，如志愿服务、社会实践等。汇聚多元资源，有助于拓宽教育内容的广度，增强平台的吸引力和影响力。

从资源的呈现看，思想政治教育网络育人平台应注重内容形式的多样化和互动化。一方面，平台应充分利用信息技术手段，以文本、图片、音频、视频、动漫等多种形式呈现教育内容，提高学生的学习兴趣，实现寓教于乐。另一方面，平台还应设计体验式、参与式的教育形式，如在线主题讨论、虚拟仿真实践等，引导学生在互动中加深对知识的理解和内化，提升教育效果。多样化的呈现方式和互动模式，将使枯燥的理论学习变得生动鲜活，调动学生参与的积极性。

从资源的组织看，思想政治教育网络育人平台需要构建系统化、体系化的内容架构。这就要求平台建设者必须立足思想政治教育的整体目标，科学设计知识模块，合理划分教学单元，使各类资源之间既相对独立又紧密联系。同时，平台应建立完善的分类检索、关联推荐等功能，方便学生快速、精准地获取所需资源。系统化的内容组织，不仅有利于学生形成全面、系统的知识体系，更有助于教师实施个性化教学，为因材施教提供支持。

## （二）体系化思政教育内容建设路径

高校思想政治教育网络育人平台的内容构建需要遵循体系化、科学化的路径。体系化要求育人平台的内容必须全面覆盖思想政治教育的各个领域和主题，包括思想政治教育基本原理、中国特色社会主义理论体系、中华优秀传统文化和社会主义先进文化等。

体系化的内容应契合大学生成长成才的规律和特点。当代大学生正处于价值观形成和确立的关键时期，对世界观、人生观和价值观充满了困惑和思考。因此，育人平台的内容设计要以大学生的认知特点和接受习惯为依归，采取寓教于乐、润物无声的方式，将深奥的理论转化为通俗易懂、生动活泼的表现形式，增强思想政治教育的吸引力。同时，要注重内容的互动性和参与性设计，通过问答、讨论、争鸣等环节，激发大学生的主体意识和批判性思维，引导其在探究和反思中实现自我教育、自我提升。

科学化要求育人平台的内容建设必须紧跟时代发展的脉搏，准确把握社会发展的新变化、新特点。当前，我国正处于中国特色社会主义新时代，改革发展稳定任务艰巨繁重。育人平台要充分反映党和国家的理论创新成果，及时传播习近平新时代中国特色社会主义思想，引导大学生准确理解、把握新时代坚持和发展中国特色社会主义的基本方略。同时，要积极回应大学生关注的现实问题，引导其正确认识国内外形势，增强对中国特色社会主义的道路自信、理论自信、制度自信、文化自信。

科学化还要求育人平台发挥高校、学界和专家学者的智力优势，汇聚一流师资力量，打造精品化、专业化的教育教学资源。一方面，要整合校内思想政治教育理论课教师、哲学社会科学专家的优质课程，形成系统完备、特色鲜明的理论教育体系。另一方面，要广泛链接校外知名专家学者、党政干部和优秀校友等，用他们的成长故事、人生感悟来生动诠释理论道理，拓展教育内容的广度和深度。

## 四、平台的技术支撑

### (一) 平台技术架构的设计要点

高校思想政治教育网络育人平台的技术架构设计是一项系统工程，需要综合考虑平台的功能定位、用户需求、数据安全、性能优化等多方面因素。在设计过程中，应遵循先进性、实用性、安全性、可扩展性等基本原则，合理选择技术路线，优化系统架构，确保平台的高效运行和持续发展。

从功能架构的角度来看，高校思想政治教育网络育人平台应包括资源管理、互动交流、学习追踪、数据分析等核心模块。资源管理模块负责思政教育内容的采集、审核、发布和更新，是平台的内容基础。互动交流模块为师生提供在线交流、讨论、分享的渠道，增强平台的参与性和吸引力。学习追踪模块记录学生的学习行为和进度，为个性化学习提供数据支持。数据分析模块利用大数据技术，深入挖掘学生的学习特点和规律，为教学决策提供依据。这些功能模块相互配合，共同支撑起网络育人平台的运行。

从技术选型的角度来看，高校思想政治教育网络育人平台应根据实际需求，合理选择开发语言、数据库、中间件等关键技术。对于前端开发，可以采用 Vue、React 等流行的 JavaScript 框架，提升用户体验；对于后端开发，可以选择 Java、Python 等成熟的编程语言，确保系统的稳定性和性能；对于数据存储，可以使用 MySQL、MongoDB 等主流数据库，兼顾结构化和非结构化数据的管理；对于中间件，可以引入 Redis、Kafka 等高性能组件，优化系统的并发处理能力。同时，应重视容器化、微服务等新兴技术的应用，提高系统的弹性和可维护性。

从安全防护的角度来看，高校思想政治教育网络育人平台必须高度重视数据安全和隐私保护。一方面，要严格遵守相关法律法规，制定完善的数据安全管理制度，明确数据采集、存储、使用、销毁等环节的安全要求；另一方面，要运用加密、脱敏、访问控制等技术手段，防范数据泄露、篡改、滥用等风险。此外，还应加强平台的网络安全防护，提高抵御黑客攻击、病毒入侵等威胁的能力，为师生营造一个安全可靠的网络学习环境。

从性能优化的角度来看，高校思想政治教育网络育人平台应充分考虑海量用户并发访问的场景，合理设计系统容量和负载均衡策略。可以通过服务器集群、缓存优化等手段，提升平台的响应速度和并发处理能力。同时，应重视移动端的性能优化，采用适配性设计，减少页面加载时间，提高用户的使用体验。在性能优化过程中，要坚持以用户为中心的理念，充分考虑不同网络环境、不同终端设备的特点，提供流畅、稳定、高效的服务。

## （二）确保数据安全与互动功能的技术支持

在高校思想政治教育网络育人平台建设中，确保数据安全与互动功能的技术支持是至关重要的内容。在大数据时代，海量信息和数据成为平台建设的基础，如何有效地存储、管理和利用这些数据资源，对于平台的可持续发展和优质服务至关重要。同时，互动是网络育人的核心要义，没有师生之间、学生之间的充分互动，网络思政教育就难以取得实效。因此，在技术架构设计中，必须重点关注数据安全与互动功能的实现路径。

数据安全是平台建设的生命线。思想政治教育涉及学生的个人信息、思想动态等敏感数据，一旦发生泄露或者被不法分子利用，将给学生个人和学校声誉带来难以弥补的损失。为了确保数据安全，平台建设者需要从物理层面和制度层面双管齐下。在物理层面，要对关键数据进行加密存储，并建立严格的数据访问授权机制，杜绝非法入侵和不当使用；在制度层面，要制定完善的数据管理制度和应急预案，明确数据采集、存储、使用、销毁等各环节的安全要求，定期开展数据安全审计和风险评估，提高全员的数据安全意识和防范能力。

互动是网络育人的灵魂。相比于传统的单向灌输式教学，网络教育的优势在于其强大的互动功能。通过平台，教师可以随时发布教学资源、组织在线讨论、布置作业任务、进行个性化辅导，学生可以自主学习、参与互动、分享见解、展示成果。为了充分发挥互动功能，平台建设者需要在需求分析的基础上进行精心设计。一方面，要设计灵活多样的互动形式，如在线测试、小组协作、情景模拟、虚拟社区等，满足不同教学情境和学习风格的需求；另一方面，要优化互动体验，提供清晰友好的界面布局、便捷高效的操作流程、丰富及时的反馈机制，调动师生参与互动的积极性。通过互动，师生共同构建起平等、融洽、活跃的网络学习共同体，实现教学相长、共同进步。

确保数据安全与互动功能的技术支持，是一项复杂的系统工程，需要教育工作者与技术专家通力合作。教育工作者要深入调研和分析师生需求，提出切实可行的功能需求和体验需求；技术专家要在需求分析的基础上，选择成熟可靠的技术路线，合理规划系统架构，严格遵循软件工程规范和安全标准，高质量地完成平台的设计、开发、测试和运维等各项工作。双方密切配合、反复磨合，才能开发出安全可靠、功能丰富、体验优良的网络育人平台。

## 五、平台的网络安全

### （一）加强网络安全防护措施

建立多层次的网络安全防护体系是应对各种网络攻击和威胁的基础。多层次的网络安全防护体系不仅包括硬件和软件的防护，还涉及网络安全策略的制定和执行。硬件层面包括路由器等设备的配置与优化，软件层面则包括操作系统和应用程序的安全更新与补丁管理。网络安全策略则需要涵盖防护、检测、响应和恢复等多个环节，确保在面对各种网络攻击时能够迅速有效地进行应对。

定期进行网络安全评估与渗透测试是保障网络安全的关键步骤。网络安全评估包括对现有系统的全面检查，评估其安全性和潜在的风险点。渗透测试则是通过模拟攻击者的行为，主动寻找系统中的漏洞和弱点。这些测试需要由专业的网络安全团队进行，利用各种工具和技术手段，深入分析系统的安全状况。通过定期的评估与测试，可以及时发现并修复系统中的漏洞，防止潜在的网络攻击对平台造成损害。

引入先进的网络安全技术，如防火墙、入侵检测系统和数据加密等，是增强平台安全性的有效手段。防火墙作为网络安全的第一道防线，可以有效阻止未经授权的访问。入侵检测系统能够实时监控网络流量，及时发现并阻止异常行为。数据加密技术可以保护平台中的敏感信息，防止数据在传输和存储过程中被窃取和篡改。这些先进技术的应用，不仅可以提高平台的整体安全性，还能增强用户的信任感，促进高校思想政治教育网络育人平台的健康发展。

## （二）完善信息安全管理制度

信息安全管理制度的制定需要涵盖信息的收集、存储、传输和使用等各个环节，确保数据在整个生命周期中的安全性和完整性。需要明确各级人员在信息安全管理中的职责和权限，确保每个岗位都有明确的责任界定，从而避免因职责不清而导致的安全漏洞。例如，技术人员负责系统的安全维护和漏洞修补，管理人员负责安全策略的制定和监督，普通用户则需遵守安全使用规范。

建立信息安全事件响应机制是保障平台安全的重要措施之一。信息安全事件响应机制是指在发生安全事件时，能够及时发现、迅速响应、有效处理和恢复正常运行的系统和流程。该机制的建立需要包括事件的监测、报告、分析、响应和恢复等环节。通过制订详细的事件响应计划和流程，可以确保在发生安全事件时，各级人员能够迅速采取行动，减小事件对平台的影响。同时，应定期进行演练和测试，检验响应机制的有效性和操作性，确保其在实际事件中能够高效运行。

定期组织信息安全培训，提高全体人员对信息安全管理的认知和执行力，是保障信息安全的基础。信息安全培训的内容应包括信息安全基础知识、常见威胁和防范措施、信息安全管理制度和事件响应流程等。通过培训，全体人员能够了解信息安全的重要性，掌握必要的安全技能，增强安全意识和责任感。此外，培训还应结合实际案例进行分析，使参与者能够更直观地理解和掌握信息安全管理的要点和方法。培训的频率和形式可以根据实际情况进行调整，确保培训的效果和覆盖面。

### （三）增强师生网络安全意识

开展网络安全宣传活动是增强师生对网络安全风险认知的有效手段。高校可以通过多种形式的宣传活动，如专题讲座、宣传海报、主题班会、网络安全知识竞赛等，向师生普及网络安全知识。这些活动不仅可以提升师生对网络安全的基本认知，还能帮助他们了解当前网络安全的形势和潜在的风险。通过这些宣传活动，师生可以更好地认识到网络安全的重要性，从而在日常的网络使用中更加谨慎，减少网络安全事件的发生。

案例分析和模拟演练是提升师生应对网络安全事件能力的有效方法。通过对实际发生的网络安全事件进行案例分析，师生可以了解网络安全事件的发生过程、应对措施及其结果，从中吸取经验教训。模拟演练则可以让师生在虚拟环境中体验网络安全事件的处理过程，提高他们在实际事件中的应对能力。高校可以定期组织网络安全模拟演练，演练内容应涵盖常见的网络安全威胁，如钓鱼攻击、病毒感染、数据泄露等。通过这些演练，师生不仅可以掌握应对网络安全事件的基本技能，还能增强团队协作能力，提高整体的网络安全防护水平。

建立网络安全知识普及机制是确保师生及时掌握最新网络安全信息的关键。高校应设立专门的网络安全知识普及平台，定期更新网络安全知识内容，包括最新的网络安全威胁、应对措施和防护技术等。可以通过学校官网、微信公众号、校园网等多种渠道发布网络安全知识，确保师生能够随时获取最新的信息。此外，高校还可以组织网络安全专题培训，邀请网络安全专家进行讲解，帮助师生深入理解网络安全的复杂性和重要性。通过这些措施，师生能够不断更新自己的网络安全知识，提高自身的网络安全意识和防护能力，为高校思想政治教育网络育人体系的安全运行提供坚实保障。

# 第三节 高校思想政治教育网络育人的策略与方法

## 一、网络思政内容的精准推送

### (一)内容个性化定制的重要性

在高校思想政治教育中,内容个性化定制是提升教育实效性的关键所在。每一名学生都是独特的个体,他们的知识背景、价值观念、兴趣爱好等存在着显著差异。如果教师采取"一刀切"的方式,用同一套教育内容去应对所有学生,必然难以收到理想效果。相反,如果能够根据学生的个性特点,有针对性地设计教育内容,就能更好地引起学生的兴趣,激发其学习动机,提高教育的针对性和有效性。

个性化定制的教育内容,首先要立足于学生已有的知识基础。思想政治教育理论博大精深,涉及哲学、政治经济学、科学社会主义等多个领域。对于不同专业、不同年级的学生而言,其知识储备和理解能力差异较大。因此,教师要全面了解学生的知识现状,有的放矢地选择教育内容。

个性化定制的教育内容还要关注学生的价值取向和现实需求。当代大学生处于价值观念多元化的时代,他们在世界观、人生观、价值观等方面呈现出多样化特点。对此,教师要充分尊重学生的个体差异,不能简单地将自己的价值观强加于人。相反,教师要引导学生在学习和实践中自主地、批判地建构起科学的世界观和方法论。此外,大学生面临学业、就业、情感等多重现实压力,迫切需要从思想政治教育中汲取智慧和力量。

个性化定制的教育内容还要把握时代发展脉搏,紧跟社会发展前沿。思想政治教育不是一成不变的,必须随着时代的发展而不断更新完善。在当前经济全球化、社会信息化的时代背景下,各种社会思潮相互激荡,给大学生的价值观念带来深刻影响。对此,思想政治教育要主动作为。一方面,教育内容要体现党的理论创新成果,及时将习近平新时代中国特色社会主义思想融入教学全过程;另一方面,教育内容要回应现实社会的新情况、新问题,运用科学的立场、观点和方法进行深入剖析。通过这两个方面，彰显思想政治教育的时代性和引领性。

个性化定制的教育内容还要注重学生的亲身体验和情感认同。思想政治教育的核心不在于知识的灌输，而在于情感的培育和认同的达成。因此，教师要充分调动学生的主体性，鼓励其参与体验式、互动式的教育教学活动。例如，通过组织主题实践、志愿服务等社会实践活动，引导学生在亲身体验中感悟思想政治教育的内涵。

### （二）数据驱动的推送机制

数据驱动的推送机制在高校思想政治教育网络育人中发挥着关键作用。随着大数据技术的快速发展和广泛应用，教育领域也迎来了前所未有的机遇和挑战。如何利用海量数据资源，精准把握学生的思想动态和学习需求，成为摆在思政教育工作者面前的一道亟待破解的难题。而大数据分析恰恰为解决这一难题提供了有力工具。

大数据分析技术能够从海量、杂乱的数据中快速提取有价值的信息，发现隐藏的规律和趋势。将大数据分析技术应用于网络思政内容推送，可以实现对学生个性化特征的精准画像，从而根据不同学生的兴趣爱好、认知水平、价值取向等，提供有针对性的思政教育资源。这种个性化、差异化的内容推送方式，能够有效提高思政教育的吸引力，激发学生主动接受教育的内在动力。

具体而言，利用大数据分析优化网络思政内容推送，可以从以下几个方面入手。一是建立完善的学生信息档案，全面收集学生的基本信息、行为习惯、心理状态等数据，为个性化内容推送提供基础。二是应用自然语言处理、知识图谱等技术，对海量的思政教育资源进行智能分析和语义挖掘，实现资源的自动分类和标签化，便于匹配推送。三是构建智能推荐算法模型，综合考虑学生特征、资源属性、环境因素等多重维度，动态调整推送策略，不断优化推送效果。四是重视用户反馈数据的收集与分析，通过追踪学生的浏览、点击、收藏等行为，评估内容推送的有效性，形成推送优化的闭环机制。

大数据驱动的网络思政内容推送是一个不断迭代优化的过程。在实践中，还需要注重师生互动，加强人工干预和引导，通过教师对推送内容的把关和再加工，赋予其更加丰富的内涵和意蕴。同时，要重视线上线下相结合，将网络推送与课堂教学、实践活动等有机整合,形成立体化、全方位的思政教育合力。

## 二、网络思政话题的引导与讨论

### (一)选择恰当的思政话题

高校思想政治教育网络育人必须紧密关注社会热点问题,积极引导学生围绕这些问题展开深入讨论。高校思想政治教育要主动回应学生关切,引导学生正确认识和分析国内外的热点难点问题,用科学的立场、观点和方法分析问题,在学习讨论中坚定理想信念、增强家国情怀。

选择恰当的思政教育话题是提升话题相关性和吸引力的关键。首先,要紧扣时代主题,着眼于党和国家事业发展全局。例如,可以围绕中国式现代化的内涵特征、新发展理念的实践要求等话题,引导学生深刻领会"两个确立"的决定性意义,增强"四个意识"、坚定"四个自信"、做到"两个维护"。其次,要关注青年学生的成长需求。当代大学生正处于价值观形成和确立的关键时期,需要在世界观、人生观、价值观等方面得到积极引导。例如,可以就个人修养、人格塑造、择业就业等话题开展讨论,帮助学生确立正确的人生目标和前进方向。最后,要把握信息技术发展趋势。思政教育要主动占领网络阵地,运用学生喜闻乐见的网络话语体系,在潜移默化中播撒真善美、传递正能量。

话题的设置还要讲究策略和方法。思政教育不能泛泛而谈、说教式灌输,而要以学生喜闻乐见的方式,创造性地将抽象道理转化为鲜活案例,激发学生的兴趣和参与热情。例如,可以通过设置悬念、营造氛围、制造矛盾冲突等方式吸引学生,也可以运用历史故事、名人名言、经典电影等丰富多彩的素材形式,增强话题的感染力和说服力。要紧密结合学生思想实际和认知特点,创新话题呈现方式,简化理论阐释,注重情境渲染,在潜移默化中将价值引领融入日常教育。

深入挖掘热点话题中蕴含的思政元素,提升话题讨论的思想性,也是必须把握的重点。要引导学生透过现象看本质,运用科学的立场、观点、方法分析问题,深刻领会蕴含其中的道理、学理,规律、逻辑。

## （二）引导方式的艺术

引导学生自主探讨是实现网络思政教育效果最大化的关键。在网络空间中，学生面对海量信息和多元观点，很容易迷失方向、丧失判断力。因此，教师不能简单地灌输知识，而应该充分尊重学生的主体地位，引导其主动参与讨论、辨析是非。

具体来说，教师首先要精心设计讨论主题，选择那些与学生生活密切相关、富有时代特色的热点问题。这样不仅能激发学生的兴趣，还能培养其关注社会、分析问题的意识和能力。其次，教师要创设平等、包容的讨论氛围，鼓励学生畅所欲言、各抒己见。即使学生的观点不够成熟，教师也要给予积极回应，帮助其梳理思路、完善论证。再次，教师要善于总结提炼，把学生的不同观点归纳为几个典型立场，引导学生在比较分析中去伪存真、深化认识。最后，教师要注重内化转化，引导学生将讨论所得运用到现实生活中，增强实践力和行动力。

教师主导和学生自主并不是对立的，而是相辅相成、动态平衡的关系。一方面，教师要放下权威、走下讲台，平等地参与到讨论中，成为学生探索真理的引路人和同行者。另一方面，教师要把握讨论走向，引导学生坚定正确的政治立场和价值取向。在这个过程中，教师的政治素养、理论功底和教学智慧都将受到考验。

## （三）讨论氛围的营造

要营造良好的线上讨论氛围，创设尊重、开放的线上讨论环境至关重要。在网络思政教育中，讨论环节是引导学生深入思考、交流观点的关键。然而，网络空间的虚拟性和匿名性可能会导致一些不当言论的出现，影响讨论质量。因此，教师应发挥引导作用，积极营造理性、包容的讨论氛围。

教师要以身作则，以尊重、友善的态度对待每一名学生，耐心倾听不同的声音。教师还要鼓励学生表达自己的真实想法。对于积极发言的学生，教师应给予肯定和赞赏；对于内向腼腆的学生，教师则要创造机会，启发、鼓励其参与讨论。唯有营造宽松自由的氛围，学生才能充分表达观点，激发思维火花。

在讨论过程中，教师要注重引导学生形成开放包容的心态。面对不同观点乃至批评质疑，学生应学会虚心聆听、换位思考。教师可以通过设置具有争议性的话题，鼓励学生从多角度分析问题，学会尊重差异、包容多样。

教师还要重视对讨论内容的引导，扩展话题的深度和广度。一些泛泛而谈、浮于表面的讨论往往收效甚微。教师应围绕教学目标，提出有价值、有深度的讨论主题。通过设置开放性问题，引导学生深入思考议题的内在逻辑、理论依据和现实意义。在讨论中，教师要善于梳理不同的观点，提炼共性，拓展延伸，引导学生在思想的碰撞交流中实现认知突破和能力提升。同时，针对学生关注的热点难点问题，教师还可以适时拓展话题，使讨论向纵深发展，提升思想内涵。

## 三、网络思政活动的创意策划

### （一）创意策划的原则

在设计网络思政活动时，需要充分考虑学生的需求和网络环境的特点，这样才能真正打造出吸引学生、富有成效的教育形式。活动内容应紧密结合学生的学习生活实际，聚焦他们关注的热点问题，用好网络流行话语，增强活动的针对性和亲和力。例如，可以围绕学业发展、情感困惑、就业选择等话题组织讨论交流，引导学生在思想碰撞中获得启迪和成长。又如，可以利用短视频、H5 等新媒体形式呈现思政内容，用学生喜闻乐见的方式传递正能量。

活动形式的设计应充分利用网络互动的优势，突破传统思政教育的时空局限，营造沉浸式、参与式的学习体验。可以依托微信、微博等社交平台开展头脑风暴、随堂测验等，调动学生参与的积极性；利用 VR、AR 等技术搭建虚拟情景，让学生在身临其境中接受熏陶；通过开放式的在线协作项目，锻炼学生发现问题、分析问题、解决问题的能力。这些形式的创新有助于唤起学生的情感共鸣，使思政教育入脑入心。

网络思政活动的设计还应体现出开放性、互动性、共享性等新时代教育理念。一要尊重学生的个体差异，满足不同学生的成长需求，提供个性化的教育服务。二要充分发挥师生在活动中的双主体作用，鼓励学生成为讨论的主导者、知识的生产者，让师生在平等互动中共同成长。三要注重教育资源的共建共享，整合校内外的优质资源，拓宽学生视野，丰富思政实践。

## （二）活动形式的创新

活动形式的创新对于打破高校思想政治教育网络育人的传统模式、提升思政活动参与度和吸引力具有重要意义。随着信息技术的迅猛发展和大学生网络使用习惯的深刻变革，传统的思政活动形式已经难以满足新时代大学生的需求。因此，在坚持正确政治方向和价值导向的前提下，积极探索互动性、趣味性兼具的创新活动形式，成为当前高校网络思政工作的重要任务。

互动性是创新思政活动形式的关键词之一。在网络空间中，学生更加注重平等交流、自主表达的体验。因此，教师应充分尊重学生的主体地位，设计体现师生平等互动、鼓励自由讨论的活动形式。例如，可以利用微博、微信等社交平台，发起与思政主题相关的话题讨论，引导学生分享观点、交流看法。又如，可以组织线上辩论赛，鼓励学生就社会热点问题展开讨论，培养其独立思考、理性表达的能力。通过这些互动式的活动，能够促进学生在交流碰撞中加深对思政内容的理解，提高参与的积极性和主动性。

趣味性是创新思政活动形式的另一重点。枯燥乏味的说教式教育很难引起当代大学生的兴趣，甚至可能引起反感和抵触情绪。因此，教师应积极借鉴网络文化中的流行元素，设计富有吸引力和感染力的活动形式。例如，可以举办思政知识竞答活动，将思政内容与趣味游戏相结合，在寓教于乐中强化学生的价值认同。这些趣味性的活动能够充分调动学生的参与热情，使思想政治教育更加贴近学生的生活实际，增强教育实效。

## （三）活动实施的策略

创新网络思政活动的策划和实施是保证活动顺利进行、提高育人实效的关键所在。在活动设计阶段，教育工作者应充分考虑网络环境的特点和学生的认知规律，精心设计活动主题、内容和形式。一方面，活动主题应紧扣时代脉搏，聚焦学生关注的热点难点问题，引导他们在参与活动的过程中加深对社会主义核心价值观的认同。另一方面，活动内容应丰富多元，融思想性、知识性、趣味性于一体，增强活动的吸引力。

在形式设计上，要积极利用新媒体技术手段，开发沉浸式、交互式的活动体验，调动学生参与的积极性。例如，可以借助 VR、AR 等技术，创设身临其境的情境，引导学生在体验中感悟思政内涵。又如，可以通过在线问答、头脑风暴等方式，激发学生思考和讨论的热情，提高活动的参与度。

活动实施阶段是保证活动成效的重要环节。首先，教育工作者要加强组织领导，成立专门的工作团队，明确分工、落实责任，为活动的顺利进行提供人力物力保障。其次，要做好活动的宣传发动工作，综合运用官方网站、社交媒体、推送通知等渠道，扩大活动的影响力和覆盖面。再次，要加强过程管理和实时监控，及时发现和解决活动中出现的问题，确保活动平稳有序地开展。最后，要重视活动的总结评估，通过问卷调查、访谈座谈等方式，了解学生的参与感受和收获体会，总结活动的成功经验和改进空间，为后续活动的优化完善提供参考。

高校还应注重发挥学生的主体作用，鼓励他们积极参与活动的策划和组织，培养其社会责任感和实践能力。一方面，可以成立学生志愿者团队，让他们参与活动方案的设计、宣传资料的制作、现场秩序的维护等工作，在服务他人、奉献社会的过程中提升综合素质。另一方面，要搭建交流互动的平台，引导学生畅所欲言、敞开心扉，在平等对话中增进师生情谊，凝聚思想共识。

## 四、线上线下相结合的育人模式

### （一）融合模式的优势分析

线上线下相结合的混合式教学模式在高校思想政治教育中的应用已成为一种趋势。这种融合模式能够充分发挥线上教育的灵活性、便捷性和线下教育的交互性、体验性优势，为思政课教学注入新的活力。

线上学习阶段，学生可以利用网络平台，根据自己的学习节奏和兴趣爱好，自主选择学习内容和资源。丰富的在线课程、微视频、慕课等，能够满足学生多样化的学习需求，提高学习的实效性。同时，在线学习还能培养学生自主学习、信息检索、分析问题等能力，为其终身学习和发展奠定基础。

线下教学环节强调师生互动、生生互动，注重学生的情感体验和价值引领。通过课堂讨论、小组合作、情景模拟等多种形式，教师引导学生深入思考、积极表达观点，在交流碰撞中加深对理论知识的理解和认同。生动鲜活的教学情境能够激发学生的情感共鸣，唤起其价值判断和道德认知，实现润物无声的教育效果。线下教学还有助于教师及时掌握学生的思想动态和学习状况，有针对性地开展教学活动，提供个性化的指导和帮助。

线上线下相结合的教学模式能有效拓展思政课教学的时空边界。课前，教师可以通过网络平台布置预习任务，引导学生提前进入学习状态；课后，学生可以利用网络资源进行复习巩固、拓展探究，延伸课堂教学的广度和深度。同时，线上互动和交流能够打破时空限制，营造开放、包容的网络学习共同体，促进师生、生生之间的沟通与交流。

实施线上线下相结合的教学模式对教师提出了更高要求。教师需要转变教学理念，提升信息技术应用能力，优化教学设计，精心组织线上线下教学活动。同时，学校还应加强教学支持和保障，为混合式教学提供必要的硬件设施、软件资源和技术服务。

## （二）线上线下活动的有效衔接

线上线下活动的有机融合是实现高校思想政治教育育人目标的关键所在。面对信息技术迅猛发展带来的机遇和挑战，高校思想政治教育工作者必须创新工作理念，拓展育人途径，努力构建线上线下互动、互补、互促的立体化育人格局。

线上思政平台为开展思想政治教育提供了广阔空间。借助网络这一载体，教育者可以打破时空限制，及时发布权威信息，传播主流价值，引导社会舆论。同时，线上平台还能够促进师生之间、生生之间的交流互动，有利于思想碰撞和共识凝聚。然而，线上教育也存在一定的局限性。仅仅依靠网络，缺乏情感交流和价值引领的现实场景，难以深入了解学生的思想动态。

线下教育恰好弥补了这些不足。通过面对面的交流互动，教师能够更加直观地感知学生的思想状况，及时解疑释惑、疏导情绪。同时，举办相关的课堂教学、主题实践、志愿服务等多样化的线下活动，有助于将社会主义核心价值观内化于心、外化于行。但是，线下教育也面临覆盖面窄、吸引力不足等问题。

因此,将线上教育与线下教育有机结合,形成互为支撑、优势互补的协同效应,是推进高校思想政治教育工作创新发展的必由之路。一方面,要充分发挥线上平台的技术优势,借助大数据分析提高教育的针对性。通过内容精准推送、话题讨论引导等方式,提升学生参与度,扩大教育覆盖面。另一方面,要根植中华优秀传统文化,创新线下教育内容和形式,开展富有感染力的实践活动,引导学生在社会实践中升华认识、锤炼品格。

线上线下相结合的思想政治教育,要实现从资源共享到过程衔接的双向贯通。线上平台为线下教育活动提供有力支撑,线下实践又为线上教育注入生动案例。将鲜活的线下实践成果及时转化为线上教育素材,能够充实教育资源库,彰显当代大学生的精神风貌。同时,线上的理论学习和价值引领也能够为线下实践提供方向指引,使二者相得益彰、相互促进。

# 参考文献

[1]　崔玉娟. 新时期高校思想政治教育教学与反思研究［M］. 长春：吉林大学出版社，2023.

[2]　王静. 全球治理人才培养背景下的思政教育体系建设［M］. 北京：中国商务出版社，2021.

[3]　张玲，赵鸣. 新时代高校大学生思想政治工作体系构建与质量提升［M］. 天津：南开大学出版社，2020.

[4]　彭宗祥. 新时代高校工程德育理论与实践：学校德育的新范式［M］. 上海：上海财经大学出版社，2020.

[5]　郝学武. 高校思政工作视域下大学生志愿服务育人体系建设研究［M］. 长春：吉林大学出版社，2020.

[6]　史国君. "三进三知"思想政治教育共同体论［M］. 南京：江苏人民出版社，2021.

[7]　郭奇. 新媒体视角下大学生思政教育创新探索［M］. 长春：北方妇女儿童出版社，2021.

[8]　王敏，滕淑娜. 红色文化融入高校"大思政"育人研究［M］. 北京：九州出版社，2021.

[9]　李大凯，刘金鹏，朱琳. 一线教师谈：大思政背景下的思想政治教育［M］. 天津：天津人民出版社，2020.

[10]　郑澎，陈姝君. 新时代"大思政"体系中的文科科研管理工作探索［M］. 成都：西南交通大学出版社，2022.

[11]　程世利. 大学生思政课辅导用书：第2辑［M］. 北京：北京理工大学出版社，2022.

[12]　马静雅，王琪，任超. 新时代大学生思政教育研究［M］. 武汉：湖北科学技术出版社，2020.

[13]　张锐，夏鑫. 大数据时代高校思政工作创新研究［M］. 北京：北京工业大学出版社，2020.